ELISE ARNDT

RUND UM DIE UHR

Wieviel Zeit hat eine Mutter?

Verlag der
Francke-Buchhandlung GmbH
Marburg an der Lahn

CIP-Titelaufnahme der Deutschen Bibliothek

Arndt, Elise:
Rund um die Uhr : wieviel Zeit hat e. Mutter? / Elise Arndt. [Dt. von Renate Puchtler]. – Marburg an d. Lahn : Francke, 1988
(Edition C : F, Brennpunkt die Familie ; Nr. 21)
Einheitssacht.: A mother's time ‹dt.›
ISBN 3-88224-622-7
NE: Edition C / F

2. Auflage 1989

Originaltitel: A Mother's Time

Deutsch von Renate Puchtler
Satz: AHC-Software Wetzlar
Druck: St.-Johannis-Druckerei, Lahr
25683/1989

Edition C, Nr. F 21

Für meinen Mann Warren, der nicht müde wurde, mich immer wieder zu ermutigen. Sein Vertrauen in meine Fähigkeiten, seine Liebe und seine Geduld waren mir eine große Hilfe. Ich bin dankbar, daß Gott durch ihn in besonderer Weise in mein Leben hineingewirkt hat.

In dankbarer Anerkennung:

Ein Buch zu schreiben, ist immer ein umfangreiches Projekt, besonders wenn man ein vierjähriges Kind sein eigen nennt. Während ich mich dazu durchrang, wieder etwas zu schreiben, bat ich den Herrn, dafür zu sorgen, daß ich das tun konnte, ohne Danny zu vernachlässigen. Und Gott ist treu! Er stellte mir viele Menschen hilfreich zur Seite, damit sein Plan für mein Leben sich erfüllen konnte.

Allen, die durch ihre tatkräftige Hilfe und Gebetsunterstützung mit dazu beigetragen haben, daß dieses Buch entstehen konnte, sei an dieser Stelle herzlich gedankt. Zu ihnen gehören u.a.: Sherine Wakim, ein junges Mädchen, das sich bei mir zu Hause mit Danny beschäftigte, so daß ich einige zusätzliche Stunden ohne Unterbrechung arbeiten konnte; Barb Feys, die mir gleich zu Beginn anbot, sich um Danny zu kümmern und mich an schweren Tagen durchbetete; Joyce Davis, die oft in mir entdeckte, wofür mir selbst die Sicht fehlte; Faye Colando, die das Manuskript ins reine schrieb; mein Mann Warren, der viele Stunden mit Lesen und Editieren beschäftigt war, und meine Kinder Paul, David, Liz, John und Danny, die ständig bemüht waren, mich bei guter Laune zu halten.

Inhaltsverzeichnis

I

Die geheimnisvolle Gabe der Zeit

Zweifellos haben die Jahre, die wir als Missionarsfamilie in den Bergen von Neuguinea verbrachten, dazu beigetragen, uns einen anderen Zeitbegriff zu geben, als es die westliche Welt gewohnt ist. Neuguinea ist ein unvergleichliches Land, ein Land jenseits des Üblichen. Majestätische Bergriesen, üppiges Laubwerk, donnernd zu Tal stürzende Wasserfälle und stille, tiefe Täler bildeten gleichsam die Kulisse für unsere Arbeit. Es war, als hätte in Gottes herrlicher Schöpfung die Zeit den Atem angehalten.

Nicht umsonst wird Neuguinea als das Land beschrieben, "das von der Zeit vergessen wurde." Nachdem wir viele Jahre selbst in diesem Kulturraum gelebt haben, können wir uns dieser Aussage voll und ganz anschließen. Das Volk der Ipili in Pogera (einem tief in den Bergen gelegenen Gebiet) war im wahrsten Sinne des Wortes unberührt geblieben von der Technik. Einer der größten Augenblikke auf dem Weg zum Fortschritt war für sie gekommen, als sie ihre Steinäxte beiseite legten und sie gegen stählerne austauschten. Das Leben in dieser abgeschiedenen Gegend hatte sich seit Jahrhunderten nicht verändert. Es schien wirklich so, als sei die Zeit stehengeblieben.

In dieser Gesellschaft, die keinerlei technischen Fortschritt aufzuweisen hat, bekam ich einen ganz neuen Blick für die Schöpfung Gottes und seine Zeitvorstellungen. Nichts trübte unsere Sicht auf den leuchtend blauen Himmel über uns - keine Abgase, kein Wolkenkratzer und kein lärmender Düsenjet. Die Abende waren so still, daß jedes kleinste Geräusch zu hören war. Auch Fernsehen und Telefon schwiegen still. - Es gab sie ganz einfach nicht.

Wir verbrachten unsere Freizeit mit Spielen, Lesen, Nähen, Briefeschreiben oder einfach damit, daß wir uns unterhielten. Oft mußte ich in meiner Beschäftigung innehalten, weil ich mich freute an der Größe und Majestät Gottes, die ich in Seiner Schöpfung, in den Sonnenuntergängen, den Bergen und Menschen, erkennen konnte. Wie gern erinnere ich mich an die kostbare Zeit, die ich mit den Ipili-Frauen verbrachte! Sie handarbeiteten, knüpften Tragenetze und webten ihre Lendenschurze. Dabei sprachen wir oft stundenlang miteinander. Niemand sah auf die Uhr, und niemand schien je in Eile zu geraten. Durch diese gemeinsam verbrachte Zeit lernte ich diese aufrichtigen, freundlichen Frauen schätzen und lieben. Viel habe ich von ihnen über das Muttersein und das Leben im allgemeinen lernen können.

So viel zu tun!

Im Gegensatz zu der Einfachheit, die mich umgab, war mein Leben innerhalb dieser primitiven Gesellschaft sehr vielschichtig. Meine Tage waren alles andere als langweilig und unausgefüllt. Es galt Stammesfehden zu schlichten, Hebammendienste zu tun, meine eigene Familie zu versorgen - kurz, ich war vollauf beschäftigt. Bedenken Sie, ich hatte vier Kinder im Vorschulalter. Das allein wäre ein Vollzeitjob gewesen - für Mütter aller Kulturkreise.

Mein Tag begann bei Sonnenaufgang. Stunden verbrachte ich damit, auf einem kleinen holzbeheizten Ofen unser Essen zu kochen. Alles mußte improvisiert werden, und irgendwie gelang es: Brot, Tomatensauce, Pudding, Kuchen - sogar Marshmallows und Kartoffelchips. Unsere Kleider wusch ich mit einer uralten Handpumpen-Waschmaschine. Das Wasser dazu wurde in einem großen Kupferkessel über dem offenen Feuer erhitzt und dann zu den großen galvanisierten Bottichen geschleppt. Allein das war eine echte Plackerei.

Meine Arbeit beschränkte sich jedoch nicht nur auf unser Zuhause. Ich mußte mich auch um den Garten und die Hühner kümmern. Und dann waren da die vielen hilfesuchenden Ipili. Ich arbeitete in der Poliklinik, brachte den Frauen die Grundlagen der Hygiene und des Alphabets bei, gab ihnen Nähunterricht und klärte sie über Schwangerschaftsvor- und -nachsorge auf. Auch biblischen Unterricht bekamen sie von mir. All das gehörte zum normalen Tagesablauf. Erst abends bei Sonnenuntergang kehrte Ruhe ein. Der Tag der Ipili war zu Ende - und damit auch der unsrige.

Wir suchten unsere Wohnung auf, entspannten uns ein wenig und gingen früh zu Bett. Die Anpassung an den Lebensstil der Ipili war uns nicht leicht gefallen. Als wir ankamen, neue Timex-Uhren am Handgelenk und den westlichen Zeitbegriff im Kopf, waren wir es noch gewohnt, unsere Zeit an der Uhr zu messen. Der Zeitrhythmus der Ipili jedoch wurde vom Stand der Sonne und von den Jahreszeiten bestimmt. Nichts begann jemals pünktlich - gemessen an unserer Zeit natürlich. Die ständigen Verspätungen brachten uns an den Rand der Verzweiflung. Die Ipili konnte man dafür nicht zur Rechenschaft ziehen. Nicht sie, sondern wir waren aufgerufen, uns einer neuen Lebensform anzupassen. "Rechtzeitig" hieß: warten, bis alle da waren. Wenn der Gottesdienst am Sonntag um neun Uhr stattfinden sollte, bedeutete das also: irgendwann zwischen neun und Mittag. Fragen Sie mich nicht, wie lange es gedauert hat, bis ich das wirklich begriffen hatte. Ich bemühte mich sehr, die Sonntage zu einem Höhepunkt für die Familie zu machen. Ich dachte mir besondere Menüs aus, und die Kinder durften ihre schönsten Sachen anziehen. Pünktlich um neun waren wir alle fertig. Doch das hieß noch lange nicht, daß es Zeit war für den Gottesdienst ... Viele der Frauen und Männer saßen noch draußen vor der Kirche auf dem Boden und schwatzten miteinander. Ihr munteres Reden ließ keinen Zweifel daran, daß sie sich rundherum wohl fühlten. War es denkbar, daß die Gemeinschaft untereinander ihnen wichtiger war als der geplante Gottesdienst? Mein Mann fragte Andele, den eingeborenen Evangelisten, ob er mit dem Gottesdienst beginnen könne. Immer bekam er die gleiche Antwort: "Noch nicht. Dieser und jener ist noch nicht da. Wir müssen noch warten." Weitere ein bis zwei Stunden vergingen. "Können diese Leute denn nicht ein einziges Mal verstehen, daß ich noch andere Dinge zu tun habe als hier zu warten?" Voller Ungeduld dachte ich an meinen Braten und sah mit Schrecken, daß die Kleider meiner Kinder schon vor Gottesdienstbeginn schmutzig sein würden. Ähnliches wiederholte sich Sonntag für Sonntag. Es war hoffnungslos. Wir konnten die Leute nicht ändern, damit sie in unsere Vorstellung von Eßkultur und Sauberkeit hineinpaßten. "Wen du nicht besiegen kannst, dem paß dich an." Dieses alte Sprichwort nahmen wir wörtlich. Wir paßten uns an. Meine Kinder wurden schmutzig. Elisabeths weißes Faltenkleid hat sich niemals wieder ganz erholt von all dem Schmutz. Und mein Braten blieb so lange angebrannt, bis ich gelernt hatte, meine Zeit anders einzuteilen. Die Folge waren gesegnete Stunden der Gemeinschaft mit unseren dortigen Geschwistern.

Wieder regiert die Uhr

1972 gingen wir zurück in die Vereinigten Staaten. Fünf Jahre lang hatten wir keiner Uhr gestattet, über unser Leben zu herrschen. Wie schockierte uns da der Wiedereintritt in unsere zeitorientierte Kultur! Am Anfang wehrten wir uns gegen das Gefühl, von einer Uhr programmiert zu sein. Doch endlich siegte die Anpassung, und wir gewöhnten uns wieder an das hiesige Zeitgefühl.

Trotzdem mußte ich feststellen, daß ich bei allen Vorteilen der Moderne, die mir zur Verfügung standen - Gasherd, Waschmaschine, Trockner, Supermarkt, Telefon, Auto und eine praktisch eingerichtete Wohnung mit mancherlei Vorrichtungen und Zubehör - , kaum mit der Abeit fertig wurde. Die Zeit, die mir einfach immer fehlte, wurde für mich zu einem echten Problem.

Bald war es normal, die Abende auszudehnen und früher aufzustehen. Das Lesen guter Bücher gehörte der Vergangenheit an. Fernsehen wurde zunehmend zum Ersatz für Kommunikation in der Familie, und das Telefon sorgte auf seine Weise für Unterbrechung. Während wir früher Zeit gehabt hatten, uns abends zu entspannen und auf den nächsten Tag vorzubereiten, jagte nun eine Jugend- und Gemeindeveranstaltung die andere.

Wo waren die Zeiten geblieben, als wir Sonnenuntergänge beobachtet und uns daran gefreut hatten? Wir dachten mit Sehnsucht an die ruhigen Abende im Kreis der Familie zurück. Jetzt schien jeder nur noch mit seinen eigenen Angelegenheiten beschäftigt zu sein.

Eines Tages las ich zufällig Hiob 7,6, wo es heißt: "Meine Tage gleiten schneller dahin als ein Weberschiffchen und schwinden ohne Hoffnung." Genauso fühlte ich mich. Mein Leben begann einem steuerlosen Schiff zu gleichen. Ich stand ständig unter dem Eindruck, es nicht zu schaffen; Frustration und Streß waren meine ständigen Begleiter.

Es mußte etwas geschehen! Ich wußte, daß ich in der Lage war, mir inmitten aller Arbeit einen gewissen Freiraum zu schaffen für eigene Gedanken, Momente der persönlichen Stille vor dem Herrn und solche, die ich meiner Familie oder anderen Menschen widmete. Das Leben in Neuguinea mit seinen vielen Verpflichtungen hatte es mir bewiesen. Sollte das nun hier in den USA nicht mehr zu erreichen sein?

Nach gründlicher Selbstprüfung wurde mir bewußt, daß zwei wichtige Dinge sich seit meiner Rückkehr in die Heimat verändert hatten. In den Jahren meines Aufenthalts unter den Ipili war meine Beziehung zu Jesus Christus besonders intensiv gewesen. Er hatte in allem den ersten Platz eingenommen. Auf ihn hatte ich mich ganz verlassen und in ständiger Abhängigkeit von ihm gelebt. Der Tag begann und endete mit ihm. Jetzt hatte ich vieles, auf das ich mich zur Erfüllung meiner Bedürfnisse verlassen konnte. Mit Leichtigkeit ließ sich der Arzt herbeirufen. Es gab Geschäfte an jeder Straßenecke. Und immer hatte jemand ein Ohr für mich, wenn mich danach verlangte. Ich wurde zusehends unabhängiger von Gott.

Ein anderer Punkt waren "die Dinge dieser Welt", die mich in ihren Bann zogen. In Neuguinea hatte das Leben nicht aus Dingen bestanden, die man besaß. Die Menschen und die Gemeinschaft mit ihnen waren es, die mich zufrieden und glücklich gemacht hatten. Damals war ich dankbar gewesen für unser einfaches Heim. Und als wir fortgingen aus Neuguinea, war es nicht unser zurückgelassener Besitz, der mich traurig stimmte, sondern der Abschied von Menschen, die ich liebgewonnen hatte.

Nach unserer Rückkehr dauerte es nur kurze Zeit, bis ich die rechte Sicht für das Leben verloren hatte. Der amerikanische Lebensstil verwirrte mich. Die Welt wurde zu einem riesigen Kaufhaus und ich zu einem kleinen Mädchen, das staunend durch die Fenster spähte. Alles wollte ich, alles! Ich warf alle Prioritäten über den Haufen und geriet völlig aus dem Gleichgewicht. Fleischliche Wünsche gewannen die Oberhand.

Schließlich nahmen sie so viel Raum ein, daß mein geistliches Leben darunter zu ersticken drohte. Die Zeit, die ich früher in der persönlichen Stille vor dem Herrn verbracht hatte, wurde jetzt dazu verwandt, ihm zu "dienen". Und die Sorge um das materielle Wohl meiner Kinder nagte an der Zeit, die ihnen einmal ganz persönlich gegolten hatte.

Kurz, mein Zeitproblem erwuchs aus Schwierigkeiten, die aus meinem Ich und aus der Sünde der Habsucht kamen. In Kolosser 3,2 und 5 lesen wir: "Richtet eure Gedanken nach oben und nicht auf die irdischen Dinge ... Darum tötet alles, was an euch noch irdisch ist ... und die Habsucht. Habsucht ist soviel wie Götzendienst." Mein Leben geriet immer mehr in den Bannkreis des Materialismus. Wie froh und dankbar bin ich, daß Gott mir in liebevoller Geduld nachging, um mir den einzigen Weg zu einem produktiven Leben zu zeigen.

Unsere hochtechnisierte, materialistisch orientierte Gesellschaft gefährdet unser persönliches Verhältnis zum Herrn und die Beziehung zu anderen Menschen. Man sollte meinen, es sei einfach, mit all den verfügbaren Geräten Stunden einzusparen, die wir zu unserer Entspannung und Freude nützen könnten. Aber das genaue Gegenteil ist der Fall. Die eingesparte Zeit wird ausgefüllt mit Aktivitäten und Murren.

Jedem von uns wurde die gleiche Zeit zugeteilt, der gleiche 24-Stunden-Tag. Die Sonne geht über dem Gerechten ebenso auf und unter wie über dem Ungerechten (Matthäus 5,45). Woran liegt es, daß manchen Menschen die Zeiteinteilung so schwerfällt? Weshalb schaffen einige soviel und andere so wenig? Warum freuen sich manche ihres Lebens, während andere sich völlig verausgaben, von ihrem Terminkalender abhängig sind und die Sicht für den wahren Sinn des Lebens verlieren?

Gott schuf die Zeit

Die Zeit gehört mit zu dem Kostbarsten, was der Herr uns für unser irdisches Leben zugeteilt hat. Mit jedem Tag, den wir erleben, vergehen 86.400 Sekunden, die wir niemals zurückholen können. Da die Zeit eine Gabe Gottes ist, haftet ihr, wie allem, was er geschaffen hat, etwas Geheimnisvolles an.

Obwohl Gott zeitlos und ewig ist, war es sein Wunsch und Wille, eine Welt zu erschaffen, die von der Zeit regiert wird. Selbst Jesus, sein ewiger Sohn, kam auf die Erde und beschränkte sich auf unser Zeitgefüge.

Kürzlich hörte ich eine Werbesendung, die ungefähr so lautete: "Der Mensch hat die Zeit erfunden, aber Seiko hat sie perfektioniert." Gott hat dem Menschen zwar den Verstand gegeben, um die Zeit nach Stunden und Sekunden zu messen, doch Erfinder der Zeit war Gott. Er ist es auch, der die Zeit unter seiner Kontrolle hat.

1. Mose 1,1 beginnt mit den Worten: "Am Anfang..." Selbst unser Gott, der weder Anfang noch Ende hat, bedient sich eines Zeitbe-

griffs, um den Vorgang Seiner göttlichen Schöpfung zu beschreiben. In 1. Mose 1,5 lesen wir die Beschreibung des ersten 24-Stunden-Tages: "Gott nannte das Licht Tag, die Dunkelheit Nacht. Es wurde Abend und wieder Morgen: der erste Tag." Mit der Aufteilung in Licht und Dunkelheit entstand der erste Tag. Dann, am vierten Tag, folgten die Sonne, der Mond und die Sterne.

In 1. Mose 1,14-15 lesen wir etwas über die göttliche Zweckbestimmung dieser Himmelskörper:

> *Dann befahl Gott: Am Himmel sollen Lichter entstehen, die Tag und Nacht voneinander trennen und nach denen man Tage, Jahre und Festzeiten bestimmen kann. Sie sollen am Himmel leuchten und der Erde Licht geben.*

Gottes Ordnung war offenkundig. Alles, was er schuf, diente einem einzigartigen Zweck. Die Weite des Universums mit seinen unzähligen Himmelskörpern sollte dem Menschen Zeichen und Licht geben und ihn befähigen, Tage, Jahre und Jahreszeiten zu bestimmen.

In Gottes perfekte, sündlose Welt führte er selbst die Zeit ein. So stellte sie weder für Gott noch für die Menschen, die von ihm erschaffen waren, ein Problem dar. Die Zeit war ein Zeichen göttlicher Ordnung. Gott stimmte alles in seiner Welt in vollendeter Harmonie aufeinander ab. Sonne, Mond und Sterne waren nicht nur schön und hell, sie hatten auch eine ordnende Funktion.

Als Gott den Menschen in diese von ihm geordnete Welt hineinsetzte, übertrug er ihm eine gewaltige Verantwortung: "Gott, der Herr, brachte also den Menschen in den Garten Eden. Er übertrug ihm die Aufgabe, den Garten zu pflegen und zu schützen" (1. Mose 2,15). Er beauftragte Adam auch damit, allen lebendigen Geschöpfen einen Namen zu geben. "Wie er sie nennen würde, so sollten sie heißen" (1. Mose 2,19). Kein Zweifel - Adam war ein fleißiger Mann.

Die Zeit nach dem Sündenfall

Erst nach dem Sündenfall hatte der Mensch die ersten Probleme mit der Arbeitsbewältigung und Zeiteinteilung. Gott mußte sehr hart mit Adam ins Gericht gehen. Er sprach zu ihm:

Weil du auf deine Frau gehört und mein Verbot übertreten hast, soll der Acker verflucht sein. Dornen und Disteln sollen darauf wachsen. Dein Leben lang wirst du hart arbeiten müssen, damit du dich von seinem Ertrag ernähren kannst. Viel Mühe und Schweiß wird es dich kosten (1. Mose 3,17-19).

Wir wissen, Gott erwartet von uns, daß wir ein sinnerfülltes, würdiges und ordentliches Leben führen und unsere Zeit verantwortungsbewußt einteilen. Wir erleben aber, daß die Welt, in der wir leben, uns zu verschlingen droht. Streß und Hetze haben als Folge der Sünde Eingang in unsere Welt gefunden und mit ihnen körperliche und geistliche Nöte aller Art.

Ihr seht also, wie man von uns denken muß. Wir sind Menschen, die Christus in seinen Dienst gestellt hat, um Gottes Geheimnisse zu verwalten. Von einem Verwalter verlangt man, daß er zuverlässig ist (1. Korinther 4,1-2).

Gott erwartet also von uns, daß wir mit seiner Gabe, der Zeit, verantwortungsbewußt umgehen. Wird er das einmal von uns sagen können?

In Epheser 5,15-17 werden wir ermahnt zu einem vorsichtigen Wandel. Es heißt dort:

Darum achtet genau auf eure Lebensweise. Lebt nicht wie Unwissende, sondern wie Menschen, die wissen, worauf es ankommt, und deshalb ihre Zeit in der rechten Weise nutzen. Denn wir leben in einer bösen Welt. Seid also nicht uneinsichtig, sondern begreift, was der Herr von euch erwartet.

Laß uns erkennen, wie kurz unser Leben ist, damit wir zur Einsicht kommen (Psalm 90,12).

Wir wissen, Gott erwartet von uns, daß wir ein sinnerfülltes, würdiges und ordentliches Leben führen und unsere Zeit verantwortungsbewußt einteilen. Wir erleben aber, daß die Welt, in der wir leben, uns zu verschlingen droht. Streß und Hetze haben als Folge der Sünde Eingang in unsere Welt gefunden und mit ihnen körperliche und geistliche Nöte aller Art.

Das Heilmittel für das Zeitproblem besteht nicht einfach in einem "Einsparen" von Zeit. Wir haben es mit einem geistlichen Problem zu tun, dem mit äußeren Mitteln allein nicht beizukommen ist. Wir müssen uns mit uns selbst und der in uns lebenden Sünde auseinandersetzen. Indem wir unsere Schuld vor Gott bekennen und uns der Herrschaft Jesu Christi unterstellen, erlauben wir dem Heiligen Geist, uns im rechten Gebrauch der Zeit zu unterweisen.

Ich kenne völlig durchorganisierte Menschen. Alles, was sie tun und erreichen wollen, ist geplant. Ihr Leben verläuft in effektiven, geordneten Bahnen - von einer Aktivität zur anderen. Doch da gibt es eine gefährliche Klippe, die ihnen zur Gefahr werden kann. Ihr Leben kann nämlich so durchprogrammiert sein, daß die Gemeinschaft mit Gott und den Menschen aus Zeitmangel völlig ins Hintertreffen gerät.

Die tüchtige Frau

In Sprüche 31 wird uns eine erstaunlich aktive Frau vorgestellt, die in vollendeter Weise mit ihrer Zeit umzugehen verstand. Als junge Mutter war ich immer überzeugt, diese außergewöhnliche Frau habe bestimmt keine vier Kinder im Vorschulalter gehabt, deren vier mal zwei Hände ständig bemüht waren, ihrer Mutti zu "helfen". Oder doch? Ich fragte mich, ob ich jemals in der Lage sein würde, mich mit ihr zu messen. Irgendwie wußte ich, daß Gott sie mir zum Vorbild gesetzt hatte. Doch schon beim bloßen Lesen der vielen Dinge, die sie bewältigte, fühlte ich mich mit meinen 27 Jahren erschöpft.

Als ich las, daß sie vier größere Kinder hatte, war ich sicher, daß sie bestimmt nicht vier Teenager gleichzeitig zu erziehen brauchte. Am Ende des Kapitels wird uns berichtet, daß ihre Kinder heranwuchsen und stolz auf sie waren. Eines Tages wurde mir bewußt, daß ich in Sprüche 31 einen Abriß ihres gesamten Lebens vor mir hatte. Vermutlich waren ihre Kinder erst dann stolz auf ihre Mutter und erkannten sie als "gesegnet", als sie selbst verheiratet waren und Familie hatten.

Noch etwas gilt es zu beachten. Daß man sie eine "Gesegnete" nannte, war nämlich nicht allein darauf zurückzuführen, was sie im Leben erreicht hatte. Der Segen stand ihr zu als Lohn für ihre Hingabe und Gottesfurcht. Was sie ihrem Wesen nach war, hatte mehr Gewicht als ihr Tun. Sie war fleißig, voller Energie, hatte Organisationstalent und wußte ihre Zeit weise einzuteilen. Doch Lob wurde ihr in erster Linie für die Haltung zuteil, in der sie alle diese Aufgaben bewältigte.

Als wohlhabende und angesehene Frau blickt sie ohne Sorgen in die Zukunft. Was sie redet, hat Hand und Fuß; mit freundlichen Worten gibt sie Anweisungen und Ratschläge ... Anmut und Schönheit sind vergänglich und kein Grund, eine Frau zu rühmen; aber wenn sie im Gehorsam gegen Gott lebt, dann verdient sie Lob (Sprüche 31,25-26,30).

Es kommt nicht in erster Linie auf das an, was die Hausfrau täglich zu tun hat: Windelnwechseln, Waschen, Kochen, Saubermachen, Kinderbetreuung. Diese Dienste können auch von Angestellten übernommen werden. Ausschlaggebend ist die innere Haltung der Mutter, während sie ihre Aufgaben erfüllt.

Meine Kinder zeigen wenig Interesse für Haushaltsplanung, sie interessiert, ob Mutti sie liebt und sich ihnen zuwendet. Meine Teenager achten auch darauf, wie ich reagiere, wenn unser vierjähriger Danny Trost braucht und ich gerade das Abendessen zubereite. Wie wirke ich, wenn sie einen Gesprächspartner brauchen, und ich mich verzweifelt bemühe, meinen Tagesplan einzuhalten? Irritieren mich die ständigen Unterbrechungen, oder sehe ich sie als Gelegenheiten, Liebe und Ermutigung weiterzugeben?

Die Frucht der "Emanzipation"

Man konnte in den letzten Jahren eine Zunahme der Frauenbewegungen beobachten. Den Frauen sind gleichsam Flügel gewachsen, mit denen sie sich über die lästigen Hausfrauenpflichten erheben. Im Mittelpunkt ihres Interesses steht nicht mehr das häusliche Leben, sondern die eigene Karriere. Immer mehr Frauen bekleiden führende Positionen und gewinnen auf den verschiedensten Gebieten zunehmend Einfluß auf unser Land.

Doch die neugewonnene Freiheit ist notwendigerweise mit enttäuschten Erwartungen verbunden. Das Angebot ist einfach zu groß! Die Frauen - insbesondere die Mütter - muten sich zuviel zu. Sie sind hin- und hergerissen zwischen dem, was die Familie ihnen abverlangt und ihren eigenen Wünschen nach Selbstverwirklichung.

Nur "Hausfrau und Mutter" zu sein, ist alles andere als erstrebenswert. Oft genug wird die Rolle der Hausfrau von Frauenrechtlerinnen abgewertet und geringgeschätzt. Die Frauen befinden sich in einer Übergangsphase, und das bringt Spannungen, Unruhe und innere Kämpfe mit sich.

An den Männern sind diese Veränderungen auch nicht spurlos vorübergegangen. Der höhere Lebensstandard, den es für die Familie zu erreichen gilt, nimmt ihre Gedanken völlig gefangen und nagt an ihrer Zeit. Die Leiter des Erfolgs stellt eine solche Herausforderung dar, daß kaum ein Mann ihr zu widerstehen vermag.

Das hat weitreichende Folgen für die Familie. Die Mutter muß die Verantwortung für die Erziehung notgedrungen alleine tragen - ohne den Beistand und die Gegenwart ihres Mannes. Die vielen Stunden, die dieser in seine Arbeit investiert, lassen ihm wenig Zeit für die Beschäftigung mit seinen Kindern. Die Momente, die Papa zu Hause verbringt, die Kinder badet, bei der Hausarbeit hilft, sich einfach entspannt oder mit den Kindern spricht, haben Seltenheitswert.

Mancher Ehemann ermutigt seine Frau sogar zur Berufstätigkeit, um einen höheren Lebensstandard zu erreichen oder finanzielle Belastungen zu mildern. Dabei verspricht er gewöhnlich, ihr im Haushalt öfter behilflich zu sein. "Liebling, wenn du arbeiten gehst, werden wir die Hausarbeit gleichmäßig unter uns aufteilen." Das ist sicher ein gutgemeintes Versprechen, aber eingehalten wird es nur selten. Nach ein paar Monaten stellt Mutter fest, daß sie nicht nur eine Arbeitsstelle angenommen hat, sondern auch alle Aufgaben im Haushalt allein an ihr hängengeblieben sind.

Statistiken zeigen, daß die berufstätige Frau durchschnittlich acht Stunden täglich am Arbeitsplatz verbringt und ein bis zwei Stunden für den Weg zur Arbeit benötigt. Wenn sie endlich nach Hause kommt, warten noch einmal bis zu fünf Stunden Hausarbeit auf sie. Da kann man sich leicht vorstellen, welche Zeitprobleme viele Frauen haben. Es bleibt sehr wenig übrig - am wenigsten für die Erholung. Alleinstehende Mütter sind diesen Belastungen sogar noch stärker ausgesetzt. Sie brauchen von Gott sehr viel Weisheit, um - oft unter großen finanziellen Schwierigkeiten - ihre Familie alleine zu versorgen.

Eine zusätzliche Belastung ist es, wenn die Kinder Sport treiben, ein Musikinstrument spielen lernen, Gymnastikstunden besuchen oder bei den Pfadfindern sind. Kaum hören sie von solchen Freizeitangeboten, wollen sie auch schon daran teilnehmen. Auf diese Weise erhält man angeblich lebenstüchtige Kinder - was aber ist mit Mutter? Erschöpft fühlt sie sich fortgerissen vom Sog der vielen Aktivitäten. Nein, das kann nicht der Weg sein! Lebenstüchtige Kinder erhält man durch eine ausgeglichene Mutter, der man die Freude am Leben abspüren kann.

Es ist schon eigenartig, daß sich die Frauen in unserer emanzipierten Gesellschaft in mancher Hinsicht noch immer wie eingesperrt vorkommen. Wir sind zu Gefangenen der Zeit geworden und sehen oft keinen Ausweg aus diesem Gefängnis.

Ist es nicht höchste Zeit, daß wir unser Leben einmal überdenken? Man hat uns die irrige Auffassung beigebracht, je mehr Beschäftigung wir hätten, desto mehr Erfüllung fänden wir. Fragen wir uns einmal, wie wir die uns anvertraute Zeit verbringen. Sind wir nicht die meiste Zeit mit Dingen beschäftigt, die keinen Ewigkeitswert haben? Gottes Wege sind ganz anders als unsere Wege. In Jesaja 30,15 lesen wir: "Durch Umkehr und durch *Ruhe* werdet ihr gerettet. In *Stillesein* und im Vertrauen ist eure Stärke" (Hervorhebungen durch d. Verf.). In unserer Gesellschaft wird Stärke mit Aktivität gleichgesetzt. Als von Gott gesegnet wird angesehen, wer genug materielle Güter hat, um in dieser Welt ein angenehmes Leben zu führen. Unser Zeitproblem resultiert aus der Tatsache, daß wir den Lügen des Feindes mehr Gehör schenken als Gottes Weisheit, die er uns in seinem Wort offenbart.

Gottes perfekter Zeitplan

Vieles ging mir durch den Kopf, als man mich nach Daniels Geburt eine Weile allein ließ. Mit 39 Jahren war ich nun Mutter von vier Teenagern und eines Neugeborenen. Nach fast acht Jahren in "Freiheit" wurde ich nun wieder mit dem konfrontiert, was ich in meinem Buch *A Mother's Touch* die "Wüstenjahre" genannt habe. Die Verantwortung war riesengroß, und Satan fand eine geöffnete Tür für seine Lügen.

"Was soll ich nur bei meinen vielen Aufgaben mit einem Baby anfangen?" dachte ich bei mir. Ich wußte sehr wohl, was es bedeutet, einen Säugling in der Familie zu haben: Die Arbeit der Mutter erhöht sich automatisch um 40 Prozent. Wie würde es mir gelingen, meine bisherigen Tätigkeiten alle fortzusetzen - Vorträge halten, Bücher schreiben, einen Haushalt mit vier quirligen Teenagern bewältigen - und trotzdem gesund zu bleiben. Am liebsten hätte ich unverzüglich einen "Krisenstab" einberufen. Satan versuchte alles, die Freude zu zerstören, die Warren und ich gerade durch die Geburt unseres hübschen, gesunden kleinen Jungen erfahren hatten. Er wollte mir einreden, Daniel sei viel eher eine Bürde, eine Last, als ein Geschenk Gottes. Wie dankbar bin ich ihm heute, daß er mir überwinden half. Ich danke ihm für seine große Kraft, die in mir wirkt und "über alles hinaus zu tun vermag, über die Maßen mehr als wir erbitten oder erdenken" (Epheser 3,20). Er half mir zu erkennen, daß dieses kostbare lebendige Geschenk genau seinem Willen für mein Leben entsprach.

Gottes Zeitplan ist immer perfekt und vollkommen. Er wußte bereits im Jahre 1979, daß mein Leben eines Tages ausgefüllt sein würde mit quirligen Teenagern und einem Ehemann, der im Dienst für Tausende von Menschen steht. Er wußte, daß ich Schriftstellerin, Konferenzrednerin und mit 39 noch Mutter eines Babys werden sollte. In weiser Voraussicht bereitete er mich darauf vor. Er lehrte mich alles, was ich brauche, um meine jetzigen Lebensumstände zu meistern. Groß ist seine Treue! Ich danke ihm für seine unendliche Liebe und für sein Erbarmen, das niemals aufhört und jeden Morgen neu ist (Klagelieder 3,22-23).

Die Zeit wird immer ein sehr kostbares Gut bleiben. Es wird immer Dinge geben, deren Erledigung keinen Aufschub duldet. Dieses Buch ist keine Aufforderung an Sie, die sauberste Wohnung zu haben oder sich noch mehr in Ihrer Kirche oder Gemeinde zu engagieren. Es will Sie auch nicht zu einer "Supermutter" machen. Gehorsam gegenüber Gottes Wort ist der einzige Schlüssel, der uns das Geheimnis der Zeit aufschließen kann. Im Ausleben seines Willens wird sich uns das Geheimnis der Zeit mehr und mehr enthüllen.

II

Hilfe, ich versinke!

Während ich gespannt beobachtete, wie der junge Mann im Kaufhaus eine Leiter hinauf- und herabstieg, dachte ich bei mir: "Weiß der denn nicht, daß erst in zwei Monaten Weihnachten ist? Was um alles in der Welt tut er da?" Von seinem Arm nahm er rot-grün glitzernde Girlanden und befestigte sie vorsichtig an der Decke. "Müßte man ihm nicht sagen, er solle es nicht so eilig haben mit den Weihnachtsvorbereitungen?" Er war keineswegs der einzige, der bereits für Weihnachten warb. Es war erst der erste November, aber alles um mich her deutete darauf hin, daß das "Fest der Freude" nahe bevorstand.

Die frühzeitigen Weihnachtsdekorationen ließen in mir die Erinnerung an vergangene Weihnachtsfeste wachwerden. Es kam mir all die hektische Betriebsamkeit in den Sinn, von der die traditionellen Festvorbereitungen so oft gekennzeichnet sind.

Viele Frauen, vor allem Mütter, werden die Niedergeschlagenheit kennen, die so oft mit diesen Vorbereitungen einhergeht. Zu den schon ohnehin beschwerlichen Aufgaben kommen noch zusätzliche Einkäufe, und es wird mehr gebacken und gekocht. Der Dezember steckt meist so voller Arbeit, daß einem kaum noch Zeit zur Besinnung bleibt. Die Wohnung muß geputzt und festlich geschmückt werden. Gäste kommen; zu Hause, in der Kirche und in der Gemeinde hat man alle Hände voll zu tun. Die Nähmaschinen beginnen wieder zu surren, wenn auf ihnen Geschenke, Kleidchen und Kostüme für das Krippenspiel entstehen. So irgendwann um den 15. Dezember herum ringen viele Mütter verzweifelt die Hände: "Unmöglich! Ich schaffe es nicht mehr!"

Werden sich Mütter jemals hinsetzen, entspannen und in aller Ruhe auf das Christfest warten können? Werden sie bei ihren Weihnachtsvorbereitungen jemals in erster Linie Freude empfinden?

Zu Beginn eines neuen Jahres faßt man meist eine Reihe guter Vorsätze, nicht nur in bezug auf Weihnachten, sondern auch für das Leben im allgemeinen: "Dieses Jahr soll alles anders werden. Der Frühjahrsputz wird stattfinden. Ich werde den Ofen und den Kühlschrank reinigen. Ich werde endlich das Zimmer meiner Tochter wie versprochen renovieren mit der Farbe und der Tapete, die ich bereits vor drei Jahren gekauft habe. Ich werde alle Fotos der vergangenen fünf Jahre sortieren und in Alben einkleben. Ich werde gewissenhafter sein im Gebet und im Lesen von Gottes Wort." Ich werde, ich werde, ich werde - die Liste ließe sich beliebig fortsetzen.

Zeit zum Muttersein

Welchen inneren Kämpfen sind Mütter oft in ihrem Streben nach Selbstverwirklichung ausgesetzt! Die Versorgung der Kinder nimmt so viel Zeit in Anspruch, daß kaum noch etwas davon übrigbleibt. Sie entdecken sehr schnell, daß es einen enormen Aufwand an Zeit und Energie erfordert, eine gute Mutter zu sein. Inmitten all dieser Kämpfe tragen sie aber den gottgegebenen Wunsch im Herzen, alles, was sie tun, gut zu erledigen. Sie wollen die Dinge als Mutter voll im Griff haben und geistig, seelisch und körperlich gesunde Kinder erziehen.

Wie glücklich dürfen sich Kinder schätzen, deren Mutter sich Zeit nimmt, wirklich Wichtiges von scheinbar Dringlichem zu unterscheiden! Inmitten ihres arbeitsreichen Tages nimmt sie sich Zeit zur Stille vor dem Herrn und läßt sich durch seine Gegenwart stärken und erquicken. Sie beschäftigt sich mit ihren Kindern; sie lacht mit ihnen, spielt mit ihnen und bringt ihnen etwas bei. Die wirklich bedeutenden Dinge des Lebens werden bevorzugt behandelt, und Zweitrangiges tritt zurück.

Ich denke oft daran zurück, wie meine eigene Mutter in allem, was sie tat, plötzlich innehalten und eine Erinnerung wachrufen konnte.

Sie hatte vier sehr lebhafte Kinder und drei minderjährige Geschwister zu versorgen - insgesamt also sieben Kinder. Bei uns zu Hause war immer etwas los.

Mutter verstand es, uns zu beschäftigen. An regnerischen Tagen nahm sie zum Beispiel ihre Konservendosen aus den Regalen, und wir durften im Wohnzimmer unseren eigenen Lebensmittelladen eröffnen. Sie entschuldigte sich bei keinem für die Unordnung, die wir anrichteten. Wenn Besuch kam, machte ihnen Mutter einfach klar, daß ihre Kinder einen Riesenspaß hatten.

Oft gab sie jedem von uns einen Stoß alter Decken und erlaubte uns, ein "Zelthaus" zu bauen. Möbel wurden beiseite gerückt und Bücher an genau den richtigen Stellen aufgestapelt, um die Decken sicher zu befestigen. Was für ein Spaß - aber was für eine Unordung! Wenn die kleinen Zeltwohnungen fertig waren, zogen unsere Puppen ein. Sobald Teeservice und Kissen am rechten Platz waren, besuchte Mutter jeden von uns und machte ihre Frühstückspause. Manchmal dauerte es Tage, bis wir genug von dieser geplanten kreativen Unordnung hatten.

Wir sollten uns in unseren Familien wieder darauf besinnen, inmitten eines von Zeitnot gekennzeichneten Lebens vergnügliche Erinnerungen zu schaffen. Mutter-und-Kind- oder Kaufladenspiele, Kaffeekränzchen mit Puppenkindern, Malen, Plätzchenbacken und spielerisches Gestalten - all das wird zunehmend durch geistig anspruchsvollere oder passivere Beschäftigungen verdrängt. Oft genug haben Fernsehen und Computer die Stelle des persönlichen Umgangs zwischen Eltern und Kindern eingenommen.

Als junge Mutter wünschte ich mir ein Heim, in dem die Liebe Jesu regierte. Das fröhliche Lärmen glücklicher Kinder, die auf dem Wohnzimmerfußboden Ringkämpfe austrugen, sollte mir wichtiger sein als der Staub, der dadurch aufgewirbelt wurde. Geschirr in meinem Spülbecken zeugte oft davon, daß ich beschlossen hatte, meinen Zweijährigen in den Arm zu nehmen und ihm eine Geschichte vorzulesen, oder daß ich mir endlich Zeit genommen hatte, ein Bild zu malen. Ein ungemachtes Bett am Nachmittag bedeutete, daß es sich meine vier Kleinen, jeder mit einem Buch in der Hand, neben mir gemütlich gemacht hatten.

Für mich ist es überhaupt keine Frage, daß Zeit eines der wertvollsten Geschenke ist, die eine Mutter ihren Kindern geben kann: Zuhören, Spielen, Lachen und Lieben. Gott hat mir noch nicht das Geheimnis offenbart, wie man eine makellose Wohnung erhält, so blitzsauber, "daß man sich drin spiegeln kann"; aber er hat mir gezeigt, daß es wichtig ist, Ordnung zu halten und die mir anvertraute Zeit so zu nutzen, daß er dabei verherrlicht wird.

Zu viele Aktivitäten

Im Jahre 1979 wurde es ganz offensichtlich; mit vier Kindern, die in Windeseile den wilden Teenagerjahren zustrebten, hatte ich alle Hände voll zu tun. Es war eine ereignisreiche Zeit; eine Zeit, in der es viel Dringliches zu erledigen gab.

Meine Kinder waren mit allem möglichen beschäftigt, und ihre Aktivitäten - Schulausflüge, Klassenfeste und Fahrten zu den verschiedensten geselligen und sportlichen Veranstaltungen - hielten auch mich in Bewegung. Oft dachte ich: "Kommt den Kindern denn nie in den Sinn, daß ich das Haus zu putzen oder andere Dinge zu erledigen habe?" Ich war verzweifelt, und ich rebellierte. Das Leben lastete schwer auf mir und ließ mir praktisch keine ruhige Minute mehr.

Mein Leben drehte sich längst nicht mehr nur um die Familie. In meiner Kirchengemeinde wurde ich zur Leiterin der Frauenarbeit ernannt; ich mußte Freizeiten, Konferenzen und Bibelstunden organisieren. Dann öffnete mir Gott Türen, auch außerhalb der eigenen Gemeinde tätig zu werden und zu Frauen verschiedener Kirchen und Konfessionen zu sprechen.

Es schien fast unmöglich, die Termine mit meinem Mann und meinen Kindern abzustimmen. Ich wußte nicht mehr, wo mir der Kopf stand und war ständig abgehetzt. Immer wieder kam mir der Gedanke: "Lohnt sich das eigentlich alles?" Ich hatte langsam genug von dem Versuch, dem Image der modernen Supermutter gerecht zu werden. Ich war fix und fertig.

Ich wollte mich zurückziehen von all diesen Aktivitäten. Ich hätte vor Verzweiflung alles hinwerfen können. Das wäre zwar ein Ausweg gewesen - ein bequemer Ausweg sogar. Doch hätte dies genau den Wünschen Satans entsprochen. Es genügte unter diesen Umständen nicht, das Problem zu erkennen; ich mußte mich ihm auch stellen und Gott um Weisheit bitten. Er würde mir helfen, das wußte ich.

Jakobus schreibt, daß wir uns sogar freuen sollen, wenn uns alle möglichen Schwierigkeiten begegnen:
"Meine lieben Brüder, erachtet es für lauter Freude, wenn ihr in mancherlei Anfechtungen fallt, und wißt, daß euer Glaube, wenn er bewährt ist, Geduld wirkt. Die Geduld aber soll ihr Werk tun bis

ans Ende, damit ihr vollkommen und unversehrt seid und kein Mangel an euch sei. Wenn es aber jemandem unter euch an Weisheit mangelt, so bitte er Gott, der jedermann gern gibt und niemanden schilt; so wird sie ihm gegeben werden" (Jakobus 1,2-5).

Ich wußte wirklich, was es bedeutete, in Anfechtung zu geraten. Den Problemen aus dem Weg zu gehen war keine Lösung; was ich nötig hatte war Geduld. Ich mußte lernen, "ja" zu Gottes Willen zu sagen, auch wenn es oft schwerfiel. Aber die Antwort auf mein Zeitproblem fand ich erst, als ich Weisheit von Gott erbat.

Ich will dich unterweisen und dich lehren den Weg, den du gehen sollst; ich will dir raten, meine Augen über dir offenhalten. Seid nicht wie ein Roß, wie ein Maultier, ohne Verstand; mit Zaum und Zügel ist seine Kraft zu bändigen, sonst nahen sie dir nicht (Psalm 32,8-9).

Kümmert sich Gott um mich?

Etwas in mir zweifelte: Konnte Gott sich wirklich meiner verfahrenen Situation annehmen und Ordnung in mein Leben bringen? War er an meinen unbedeutenden Problemen überhaupt interessiert? Eines dieser Probleme bestand darin, daß ich unbedingt eine Schreibmaschine brauchte. Da ich viele Abendstunden außer Haus verbringen mußte, um auf der kircheneigenen Schreibmaschine Bibelarbeiten vorzubereiten, kam ich an einen Punkt, an dem ich sagte: "Herr, wenn du willst, daß ich weiterhin in der Frauenarbeit tätig bin, dann mußt du mir eine Schreibmaschine beschaffen." Natürlich hatte ich dabei eine IBM Selectra im Sinn!

Kurze Zeit nach diesem Gebet wurde ich mit den Kindern von einer benachbarten Familie eingeladen. Sie mußten umziehen und boten uns an, die vielen Sachen durchzusehen, die sie nicht mitnehmen wollten. Wie auf der Suche nach einem Schatz durchstöberten meine Kinder alles, was auf den Müll wandern sollte.

Auf dem Boden der Garage erblickte ich in einer verstaubten Ecke eine Schreibmaschine. Zuerst traute ich mich nicht zu fragen, ob sie auch weggeworfen werden sollte; aber dann faßte ich Mut: "Funktioniert diese Schreibmaschine noch?" wollte ich wissen.

"Aber natürlich", sagte mein Nachbar. "Meine Frau hat zwei Examensarbeiten damit geschrieben. Möchten Sie sie haben?"

Ich traute meinen Ohren nicht. "Brauchen Sie vielleicht noch eine?" kam die zweite Frage. "Wir haben noch eine Schreibmaschine im Keller. Sie muß nur gereinigt und überholt werden. Vielleicht können Ihre Kinder etwas damit anfangen."

Ich konnte ein Schmunzeln nicht unterdrücken. Das waren zwar nicht die IBM Selectras, die ich mir erträumt hatte, aber ich hatte nur für eine Schreibmaschine gebetet, und nun bekam ich gleich zwei! Offensichtlich hat der Herr auch Sinn für Humor. Diese meine erste Schreibmaschine war eine Gebetserhörung. Inzwischen wurde sie zwar durch ein leistungsfähiges Textverarbeitungssystem ersetzt, aber sie wird mir stets ein besonderer Hinweis auf Gottes Liebe und Fürsorge bleiben. Er *war* an meinen Problemen interessiert!

Nun war ich bereit, mir vom Herrn zeigen zu lassen, wie ich mit meiner Zeit umgehen sollte. Er kannte die Wünsche meines Herzens. Und mehr noch: er war bereit, Ordnung in mein Chaos zu bringen und meine Niedergeschlagenheit in Sieg zu verwandeln, um ihm besser dienen zu können.

Sein Joch ist sanft

Was hatte mir die Bibel über die Zeit zu sagen? Als ich eines Sonntagmorgens vor dem Kirchgang auf die Kinder wartete, blätterte ich in meiner Bibel und stieß auf die Stelle in Matthäus 11,28-30:

> *Kommt her zu mir, alle ihr Mühseligen und Beladenen, und ich werde euch Ruhe geben. Nehmt auf euch mein Joch, und lernt von mir, denn ich bin sanftmütig und von Herzen demütig, und ihr werdet Ruhe finden für eure Seelen; denn mein Joch ist sanft, und meine Last ist leicht.*

Ich hatte diesen Bibelabschnitt schon viele Male gelesen, aber an jenem Morgen gewann er eine ganz neue Bedeutung für mich. Ich unterstrich schnell die drei Worte "kommt", "nehmt" und "lernt", und kreiste sie ein. Das war die Antwort für mich!

Jesus wußte um meine Niedergeschlagenheit und meine inneren Kämpfe. Er wußte auch, daß es mein Herzenswunsch war, ihm als gute Ehefrau, Mutter und Mitarbeiterin in der Frauenarbeit zu dienen. Seine Einladung war an mich ergangen; nun war es an mir, darauf einzugehen.

Als mein Mann in sein Amt eingeführt wurde, legte man ihm einen verzierten Umhang um die Schultern. Er sollte das Joch des Dienstes symbolisieren, das Gott ihm auferlegt hatte. Jeden Sonntag wird er durch diesen Umhang an seine Berufung erinnert. War ich bereit, das Joch des Herrn dankbar als ein Geschenk aus seiner Hand anzunehmen?

Das Joch, so erfuhr ich später, war immer für zwei Ochsen bestimmt. Es verhinderte, daß beim Pflügen der Felder ein Tier schneller lief als das andere. Es ermöglichte eine harmonische Zusammenarbeit und machte die Aufgabe für beide leichter. Versuchte ein Ochse schneller zu laufen als der andere, weil er aufsässig war oder seinen eigenen Kopf durchsetzen wollte, mußte er bald kapitulieren. Wenn er sich aber entspannt und ruhig vom Joch am rechten Platz halten ließ, wurde die Last für ihn leichter, und er konnte seine Aufgabe besser erfüllen.

Jesus hatte mir das Joch des Dienstes auf die Schultern gelegt; des Dienstes an der Familie und an den Frauen in der Gemeinde, die ich im Wort Gottes unterwies. Nur allzuoft veranlaßten mich selbstsüchtige Wünsche oder der Druck von außen, ihm wie ein eigenwilliger Ochse vorauszueilen. Die Arbeit wurde zwar getan, aber es kam nicht viel dabei heraus, weil ich einfach nicht gewillt war, an der Seite Jesu zu gehen. Wenn mein Ich die Führung übernahm, gab es nur Konflikte, und mit den Konflikten kamen Widerstand und Kräfteverschleiß. Kein Wunder, daß ich völlig erledigt war!

Ich erfuhr auch, daß der Bauer normalerweise einen unerfahrenen jungen Ochsen mit einem reiferen, betagten Ochsen zusammen in ein Joch spannte. Der klügere von beiden verhinderte, daß der jüngere vorwärts drängte, und lehrte ihn auf diese Weise, in Harmonie zu arbeiten.

Ich war unter einem Joch mit Jesus, dem erfahrenen Lehrer. Er war Mensch geworden und lernte nach dem Willen seines himmlischen Vaters 33 Jahre lang das Geheimnis des Lebens kennen. Er versprach, ein sanftmütiger und demütiger Lehrer zu sein. Wenn ich es zu eilig hatte, wies er mich zurecht und ermutigte mich, an seiner Seite zu bleiben. In dieser Zeit lernte ich viel von Jesus. Allmählich wurden das Joch meines Dienstes und die Last, die ich zu tragen hatte, immer leichter.

Befehle aus der Stille

Meine Rastlosigkeit trieb mich ständig dazu, dem Plan Gottes vorauszueilen. Denn mit Sicherheit hatte er auch für mich einen Zeitplan. Der weise Salomo hat das in so feiner Weise zum Ausdruck gebracht: "Alles hat seine Stunde. Für alles gibt es eine bestimmte Stunde. Für jedes Vorhaben unter dem Himmel gibt es eine Zeit" (Prediger 3,1); und in Vers 11 sagt er: "Alles hat er schön gemacht zu seiner Zeit."

Ich gehöre zu den Menschen, die am liebsten alles schon gestern erledigen würden. Ich nahm mir vor, daß wieder Ordnung in mein hektisches Leben einziehen sollte, und durchdachte jeden einzelnen Schritt. Mein großes "Ich" wollte immer dem Plan Jesu vorauseilen. Es fehlte mir an Geduld und Vertrauen. Jesus hatte schon eine Zeit festgelegt, zu der Ordnung einkehren sollte; doch wenn diese Ordnung von Dauer sein sollte, mußte ein festes Fundament dafür gelegt werden.

Der Herr befahl mir, von ihm zu lernen und stille zu sein. "Laßt ab und erkennt, daß ich Gott bin" (Psalm 46,11). Ich sollte in seiner Gegenwart zur Ruhe kommen. Nur wenn ich absah von meinem Ich, konnte ich ihn als den begreifen, der auch Herr über meine Zeit ist.

Mein natürlicher Mensch wehrte sich dagegen. Ich war ein so geschäftiger Typ, daß ich nur selten bereit war, einen Augenblick stillzusitzen. Mein Leben war so vollgepackt mit Aktivitäten, daß mir kaum Zeit blieb für die Stille vor Gott. Es war keineswegs so, daß ich nicht in der Bibel las oder betete. Auf diesem Gebiet meines Glaubenslebens war ich treu, wenn ich beides auch meistens in Eile und aus einem gewissen Pflichtgefühl heraus getan hatte. Was Gott jetzt von mir verlangte, war etwas völlig Neues. Ruhe und Stille wollte er. Er sehnte sich danach, daß ich mich ihm völlig zuwandte, um seinc sanfte Stimme zu hören. Es war sein Wunsch, mir eine tiefere Beziehung zu ihm zu schenken und sich mir ganz persönlich mitzuteilen.

Mir war bewußt, daß das Zeit erforderte. Ich mußte manches zurückstellen. Das fiel mir nicht immer leicht, weil es menschlich gesehen keinen Sinn ergab. Es gab so viel zu tun; dringende Aufgaben warteten auf mich. Immer wieder kam mir Matthäus 6,33 in den

Sinn: "Trachtet aber zuerst nach dem Reich Gottes und nach seiner Gerechtigkeit, und dies alles wird euch hinzugefügt werden." Schmutziges Geschirr und ungemachte Betten sollten warten. Meine Zeit mit dem Herrn war jetzt wichtiger. Wie sehnte ich mich danach, meine "erste Liebe" wiederzugewinnen! Aus dieser erneuerten Beziehung sollte ein geordnetes Leben entspringen - ein Leben allein zu seiner Ehre.

Flexibel sein

In diesen Zeiten der Stille vor dem Herrn wurde mir deutlich, wie sehr ich mich im tiefsten gegen Veränderung sträubte. Im Laufe der Zeit hatten sich meine Bedürfnisse und die Bedürfnisse meiner Familie verändert. Ich war nicht mehr die Mutter von vier Kleinkindern. Meine Lebensumstände waren anders geworden, unbewußt erwartete ich aber, daß mein Tagesablauf davon unberührt blieb.

Nach Daniels Geburt bemühte ich mich, flexibler zu werden. Ich war 39 Jahre alt, und mein Leben war sehr genau festgelegt. Ich hatte Ziele, die ich unbedingt erreichen wollte. Ein Baby sollte mich nicht daran hindern. Ich versuchte verzweifelt, so weiterzuleben wie bisher, aber Daniel paßte einfach nicht in meinen Zeitplan. Als kleines Wesen, der er war, hatte er Bedürfnisse, die weitaus schwerer wogen als mein Drang, freitags das Haus zu putzen und montags die Wäsche zu waschen. Ich sträubte mich gegen Veränderungen, und Spannungen waren die unausbleibliche Folge. Erst als ich lernte loszulassen und mich zu entspannen, kehrte wieder Ruhe ein.

Während der Baby-, Krabbel- und Vorschuljahre dreht es sich bei der Zeiteinteilung vorwiegend um die Mahlzeiten und Nickerchen. Jetzt ist es wichtiger denn je, daß Mutter zu Hause ist, und so neigt sie dazu, alle möglichen Hausarbeiten zu verrichten.

Mit dem Schulbeginn ändert sich vieles. Diese Jahre gehören zu den befreiendsten im Leben einer Mutter. Wenn auch der Jüngste in der Schule ist, beginnt Mutter, die Außenwelt zu erforschen. Sie denkt vielleicht daran, halbtags oder auch ganztags arbeiten zu gehen. Gleichzeitig nimmt sie Anteil am schulischen Leben ihrer Kinder und durchlebt die Freuden und Leiden einer Fahrgemeinschaft. Während sich ihr Zeitplan vorher um die Aufgaben im häuslichen Bereich drehte, wird er nun von den verschiedenen Aktivitäten ihrer Kinder bestimmt. Sie sieht sich einem neuen Problem gegenüber, denn es wird zusehends schwerer, den häuslichen Aufgaben gerecht zu werden.

Die Kinder wachsen viel zu schnell heran. Zur körperlichen Erschöpfung der Mutter gesellt sich nun die seelische Niedergeschlagenheit. Wenn die Kinder im Teenageralter sind, stellen sich bei der Mutter im allgemeinen hormonelle Veränderungen ein. Mit ihren eigenen Stimmungsschwankungen umzugehen, ist schon schwer genug, aber jetzt muß sie zusätzlich mit den Hormon- und Gemütsschwankungen ihrer Teenager fertig werden.

Beide haben Verständnis und Liebe nötig. Sie brauchen Zeit füreinander, aber Mutter ist seelisch ausgelaugt. Die körperliche Erschöpfung ist unausbleiblich, weil sie in gefühlsgeladenen Situationen zu viel Energie verbraucht. Arbeit und Zeitpläne werden notgedrungen beiseite gelegt, weil sie gezwungen ist, sich mit den seelischen Aspekten der Kindererziehung zu befassen.

Und wieder einmal muß sie bei ihrer Zeiteinteilung flexibel sein. Ross Campbell schreibt in einem Buch *Teenager brauchen mehr Liebe*, Verlag der Francke-Buchhandlung GmbH, daß Teenager ihre Eltern dringender brauchen als Kleinkinder. Sie brauchen viel Zeit und Aufmerksamkeit - aber zu ihren eigenen Bedingungen. Sie sind es, die bestimmen, wann es zu diesen gemeinsamen Begegnungen kommt. Wir meinen, wir könnten diese Zeiten einplanen, und dann stellen wir fest, daß unsere Kinder dann gerade nicht den Wunsch verspüren, mit uns zusammenzusein.

Am Anfang dieses Kapitels habe ich die Panik geschildert, in die viele Mütter an den Festtagen geraten. Während ich dies schreibe, steht Weihnachten wieder vor der Tür; in drei Wochen ist es schon soweit. In unserer Familie ist das noch immer eine sehr arbeitsreiche Zeit. Ob es ganz ohne Spannungen abgehen wird? Sicher nicht; aber die Weihnachtsfeierlichkeiten verlaufen bei uns jetzt ganz anders als 1979.

Zu Beginn der Adventszeit bitte ich Gott jedes Jahr, die Weihnachtsvorbereitungen unserer Familie zu segnen. Mehr als alles wünsche ich mir, daß mein Herz auf das Kommen Christi vorbereitet ist. Ich möchte, daß die Freude Jesu alle Geschäftigkeit überstrahlt. Manches läßt sich vielleicht nicht rechtzeitig fertigstellen. So bitte ich den Herrn um Weisheit, Wichtiges von Unwichtigem zu unterscheiden, um meine Zeit nicht für Zweitrangiges zu vergeuden.

Darf ich fragen, auf welches besondere Ereignis Sie sich gerade vorbereiten? Ist es eine Geburtstagsparty für eines Ihrer Kinder, eine Konfirmation, eine Abschlußfeier in der Schule oder ein Jubiläum? Ständig gilt es, Termine zu beachten und gegebene Versprechen einzuhalten. Wie werden Sie mit diesem Druck fertig? Ist es so, daß Sie meinen, in einem Meer von Arbeit zu versinken? Dann ruft Jesus auch Ihnen zu: "Kommt her zu mir ... Nehmt auf euch mein Joch, und lernt von mir."

III

Betriebsamkeit

Es war ein verrückter Freitag im Hause Arndt. Jeder Außenstehende, der Warren und mich an diesem Morgen beobachtet hätte, hätte geglaubt, wir seien gerade dabei, einen Schlachtplan zu entwerfen. Mit Papier und Bleistift bewaffnet, begann Warren einen Entwurf für den Tagesablauf anzufertigen. Wir hatten nämlich ein Problem, das einige Planung erforderte: Unsere vier Teenager wollten an verschiedenen Wettkämpfen teilnehmen; drei hatten ein Basketballspiel und einer ein Volleyballspiel, und alle fanden beinahe zur gleichen Zeit an verschiedenen Orten statt. Wie konnten zwei Eltern vier Kinder rechtzeitig an vier Orte bringen, die kilometerweit voneinander entfernt lagen?

Warren schüttelte den Kopf und lachte: "Elise, wenn wir vor fünfzehn Jahren schon gewußt hätten, was da auf uns zukommt - vielleicht hätten wir alles anders gemacht!" Einmal wurde ich mit der Aufgabe betraut, Liz, John und ihre Freunde zu ihren Sportveranstaltungen zu fahren und wieder abzuholen. Sieben Stunden später schaute ich auf den Kilometerzähler und stellte fest, daß ich an einem einzigen Nachmittag und Abend fast 160 Kilometer gefahren war.

Es gab Zeiten, da fragte ich mich, ob ich mit dem, was ich tat, ein guter Verwalter meiner Zeit war. "Bin ich fair zu mir selbst?" fragte ich mich. Manchmal fühlte ich mich in meinem Auto eingesperrt mit jungen Leuten, die entweder schlecht gelaunt und still waren, oder so vor Energie sprühten, daß sie nicht den Mund halten konnten. Was für eine Zumutung! Bestimmt war meine Zeit zu wertvoll für so etwas. Sicherlich hätte ich etwas Sinnvolleres tun können, als in ganz Detroit einschließlich der umliegenden Vororte herumzufahren.

Während ich wartete oder fuhr, machte ich mir oft in Gedanken eine wohldurchdachte Liste der vielen Dinge, die ich hätte tun können: ein makellos sauberes Haus, pünktliches Abendessen, zusammengefaltete Wäsche; doch alle Planung mußte hinter der Zeit zurückstehen, die ich meinen Kindern widmete. Fahren, Warten, Anteilnehmen und Beisammensein - alles andere zählte im Augenblick nicht.

Ist Betriebsamkeit falsch?

Oft plagten mich Schuldgefühle, wenn ich zu viel zu tun hatte. Ich mußte mein Handeln überdenken und mir Weisung in Gottes Wort und nicht bei Menschen holen.

Betriebsamkeit ist an und für sich nicht falsch. Enttäuschung stellt sich erst dann ein, wenn unsere Betriebsamkeit zu keinem positiven Ergebnis führt. Jesus war vielleicht der beschäftigtste Mensch, der je auf Erden lebte. In Johannes 21,25 lesen wir: "Es gibt aber auch viele andere Dinge, die Jesus getan hat, und wenn diese alle einzeln niedergeschrieben würden, so würde, scheint mir, selbst die Welt die geschriebenen Bücher nicht fassen." Wir müssen den Wert unserer Betriebsamkeit überprüfen.

Wir Mütter müssen unser arbeitsreiches Leben im Lichte Gottes überdenken. Wir müssen uns bei Jesus Rat holen, der mit seiner Zeit umzugehen verstand, damit wir in diesen Jahren der scheinbar endlosen Betriebsamkeit überleben können.

Als ich die Jahre zu überdenken begann, in denen mich die Kinder nun schon so in Trab hielten, erkannte ich, wie wertvoll die Stunden waren, die ich damit verbrachte, die Kinder von einem Ort zum anderen zu fahren. In meinem Wagen hatte ich eine unfreiwillige Zuhörerschaft. Es kam schon mal vor, daß sie keine Lust zum Reden hatten. Für mich war diese Stille schwer zu ertragen, aber ich lernte es, geduldig zu sein und ihr Schweigen nicht als persönlichen Angriff auf mich als Mutter auszulegen. Zu anderen Zeiten konnte ich sie nicht dazu bewegen, den Mund zu halten. Sie waren voll von den Neuigkeiten des Tages und plauderten unentwegt miteinander.

Das Fahren machte mir besonders Spaß, wenn der Wagen mit Freunden meiner Kinder vollgepackt war. Durch bloßes Zuhören erfuhr ich vieles, was in ihrem Leben vorging. Sie schienen zu vergessen, daß ich hinter dem Lenkrad saß. Manchmal mußte ich das Lachen unterdrücken, manchmal war ich schockiert.

Die leidigen Fahrgemeinschaften wurden zu gesegneten Zeiten, weil ich in den vielen Autostunden meine Kinder besser kennenlernte; vielleicht war das darauf zurückzuführen, daß wir uns nicht Auge in Auge gegenübersaßen und so freier und entspannter miteinander umgingen. Gesprächsthemen waren die Beziehungen zwischen Jungen und Mädchen; das Verhältnis zu den Lehrern, die Hausaufgaben und die Beziehung zu Gott.

Es war eine ereignisreiche Zeit in meinem Leben, aber jeder Augenblick hat sich gelohnt. Es war eine Zeit der Anteilnahme am Leben meiner Kinder, an die ich immer zurückdenken werde.

Der Segen der Arbeit

Zu den besten Dingen im Leben eines jeden Menschen gehört es, eine Beschäftigung zu haben und hart zu arbeiten. Die Arbeit wurde als Segen geschaffen und nicht als Fluch. Sie ist ein Geschenk Gottes an uns. Jeder, der einmal krank war oder aus anderen Gründen nicht arbeiten konnte, wird verstehen, was ich meine.

> *Siehe, was ich als gut, was ich als schön ersehen habe: Daß einer ißt und trinkt und Gutes sieht bei all seiner Mühe, mit der er sich abmüht unter der Sonne, die Zahl seiner Lebenstage, die Gott ihm gegeben hat; denn das ist sein Teil. Auch jeder Mensch, dem Gott Reichtum und Güter gegeben und den er ermächtigt hat, davon zu genießen und sein Teil zu nehmen und sich bei seiner Mühe zu freuen - das ist eine Gabe Gottes (Prediger 5,17-18).*

Jeden Sommer freue ich mich auf die Einmachzeit. Es ist zwar eine ermüdende, zeitraubende Arbeit, alles Obst und Gemüse einzuwecken und einzufrieren, aber ich freue mich über das, was dabei herauskommt. Im vergangenen Sommer füllte ich 36 Liter-Gläser mit Tomaten. Ich war so stolz auf mein Werk! Als die Einmachgläser gefüllt waren, sehnte ich mich nach Anerkennung. Anstatt sie schnell wegzuräumen, ließ ich sie absichtlich auf der Anrichte in der Küche stehen. Sicherlich würden meine Lieben verkünden, daß die Beschreibung der tüchtigen Hausfrau aus Sprüche 31 auch auf mich zutraf. Wenngleich mir der Rücken schmerzte und meine Hände wie Backpflaumen aussahen - ich war mit mir zufrieden. Mein Tag war erfolgreich gewesen. Ich hatte etwas erreicht.

Vielleicht haben Sie dasselbe Gefühl, wenn Sie die Wohnung oder die Fenster geputzt oder jemandem etwas Gutes getan haben. Harte Arbeit und eifriger Einsatz haben ihren Lohn. Man bekommt das angenehme Gefühl, etwas wert zu sein. Ich glaube, wenn wir lernen, uns Ziele zu setzen und sie dann wirklich erreichen, steigt unsere Selbstachtung; vor allem, wenn wir mit unserer Arbeit auch anderen Menschen Freude bereiten können.

Jesus - unser Vorbild in der Zeiteinteilung

Ich möchte so gerne wie Jesus sein. Er wußte wie kein anderer mit seiner Zeit umzugehen. Von ihm können wir lernen, unsere Arbeit sinnvoll einzuteilen und zu unterscheiden, was sich zu tun lohnt und was wir besser unterlassen sollten.

Wie schaffte es Jesus, ein wohlgeordnetes Leben zu führen und gleichzeitig seinen göttlichen Auftrag zu erfüllen? Was war sein Geheimnis? Hatte sein Tag etwa 36 Stunden? War er körperlich leistungsfähiger als wir? Konnte er ohne Schlaf auskommen? In der Bibel steht, daß er von Sonnenaufgang bis Sonnenuntergang tätig war, aber nirgendwo lesen wir, daß er auch nachts gearbeitet hat. Er hatte einen menschlichen Körper wie wir, der auf Schlaf und Nahrung angewiesen war.

> *Daher mußte er in allem den Brüdern gleich werden, damit er barmherzig und ein treuer Hoherpriester vor Gott werde ... denn worin er selbst gelitten hat, als er versucht worden ist, kann er denen helfen, die versucht werden (Hebräer 2,17-18).*

Diese Worte geben mir Trost und Mut. Jesus mußte uns in allem gleich werden. Auch er hatte mit Zeitnot zu kämpfen. Wenn wir uns die ersten acht Kapitel des Markusevangeliums ansehen, so stellen wir fest, daß die Menschen Jesus ständig mit ihren Problemen bedrängten. Er war versucht, so zu reagieren wie wir. Bestimmt war auch er manchmal müde und erschöpft, und es gab Augenblicke in seinem Leben, in denen er versucht war, Zeit zu vergeuden oder sich mit wertlosen Dingen zu beschäftigen. Wenn Jesus von den Menschenmassen bedrängt wurde, stahl er sich oft davon und entfloh in die Wildnis, in die Berge oder aufs Meer hinaus, um dort Gemeinschaft mit seinem himmlischen Vater zu haben. Er kennt unsere Probleme aus eigener Erfahrung, und er hat versprochen, uns beizustehen.

Als ich mich mit der Zeiteinteilung Jesu beschäftigte, begegnete ich mehreren Grundsätzen, die mir das Geheimnis seines erfolgreichen und fruchtbaren Lebens enthüllten.

Hingabe an Gott

Das öffentliche Wirken Jesu begann mit einem Gehorsamsakt, nämlich mit seiner Taufe (Markus 1,9). Er erniedrigte sich selbst und tat den Willen seines Vaters. Daraufhin kam der Heilige Geist auf ihn, und der Vater verkündete: "Dieser ist mein geliebter Sohn" (Matthäus 3,17). So wurde er zum Dienst bevollmächtigt. Jesu Gehorsam ist beispielhaft für uns. Er zeigt immer und immer wieder, was es heißt, sich dem Willen Gottes unterzuordnen.

Wenn wir nun lernen wollen, unsere Zeit weise zu gebrauchen, müssen wir bereit sein, uns unserem himmlischen Vater zu unterstellen und auf ihn zu hören. Solange wir unseren selbstsüchtigen Willen nicht aufgeben und die Wünsche unserer menschlichen Natur nicht beiseite legen, wird es in uns keine göttliche Nachbildung des Lebens Jesu geben. Nur wenn wir uns in Demut dem Willen Gottes beugen, erfahren wir die Segnungen eines wohlgeordneten Lebens, und unser Leben wird fruchtbar werden.

Unser Gehorsam wird ebenso auf die Probe gestellt werden wie einst der Gehorsam Jesu. Markus erzählt, daß Jesus vom Geist in die Wüste getrieben wurde, um dort 40 Tage und Nächte lang von Satan versucht zu werden (Markus 1,12). In Matthäus 4,1-11 und Lukas 4,1-13 wird nur von drei Versuchungen berichtet, aber der griechische Urtext sagt aus, daß Jesus andauernd von Satan versucht wurde. Ich glaube, daß er in dieser Zeit jede nur denkbare Versuchung erleiden mußte; dennoch widerstand er und blieb ohne Sünde.

Auch wir müssen mit Versuchungen rechnen. Sobald jemand beschließt, den Willen Gottes zu tun, tritt Satan auf den Plan. Wie tröstlich ist es doch zu wissen, daß wir einen Gott haben, der unsere Probleme kennt. Er geht uns voran; deshalb ist der Sieg auf unserer Seite!

Eine Lebensaufgabe

Ein anderer wesentlicher Punkt im Leben Jesu bestand darin, daß er wußte, wozu er auf diese Erde gesandt worden war: er hatte eine Lebensaufgabe. In Lukas 19,10 heißt es: "Der Sohn des Menschen ist gekommen, zu suchen und zu erretten, was verloren ist". Schon nach drei kurzen Jahren seines öffentlichen Wirkens konnte Jesus erklären: "Ich habe dich verherrlicht auf der Erde; das Werk habe ich vollbracht, das du mir gegeben hast, daß ich es tun sollte" (Johannes 17,4). Jesus hatte klar gesteckte Ziele. Seine gesamte Energie, sein ganzes Tun und Handeln waren auf dieses eine Ziel ausgerichtet.

Auch wir brauchen Ziele für unser Leben. Wo keine klar gesteckten Ziele sind, wird Zeit und Energie verschwendet. Ohne Ziele laufen wir planlos und mehr oder weniger unnütz umher, während Ziele unserem Leben und Handeln Sinn und Inhalt geben.

Auch Ruhe ist wichtig

Die Heilige Schrift gibt uns noch einen anderen Hinweis darauf, wie es Jesus gelingen konnte, in seiner kurzen Erdenzeit so viel zu erreichen. Auch Ruhe und Entspannung gehörten zu seinem Leben. Wie leicht vergißt man, daß Jesus einen schwachen Körper hatte wie wir, der Nahrung und Ruhe nötig hatte. Oft hatte er das Bedürfnis, sich für eine Weile von der Arbeit und den Menschen zurückzuziehen, um neue Kraft zu schöpfen. In den Evangelien lesen wir oft, daß er sich in die Einsamkeit zurückzog (Markus 1,35; 2,13; 3,7; 4,35-36; 6,30-31). In Markus 6,31-32 wird uns berichtet, daß Jesus sich mit seinen Jüngern zurückziehen wollte. "Und er sprach zu ihnen: Kommt, ihr selbst allein, an einen öden Ort und ruht ein wenig aus! Denn derer, die kamen und gingen, waren viele, und sie fanden nicht einmal Zeit, um zu essen. Und sie fuhren in einem Schiff allein an einen öden Ort". Jesus wußte, wann seine Jünger überanstrengt waren. Er wartete nicht, bis es um ihn herum ruhiger wurde. Überall wollten die Leute etwas von ihm, und trotzdem fand er Zeit, sich zurückzuziehen.

Viele Christen sind dabei, sich zu verzehren. Sie sind erschöpft, weil sie nicht gelernt haben, sich inmitten aller Betriebsamkeit zu entspannen.

Gott hatte für die Menschheit ein Leben vorgesehen, bei dem weder Arbeit noch Erholung zu kurz kommen sollten. Er selbst gab uns ein Beispiel, als er die Welt erschuf: Sechs Tage arbeitete er, und am siebten Tag ruhte er sich aus. Unser Leben sollte demselben Grundsatz folgen - 6/7 Arbeit und 1/7 Ruhe. Das ist Gottes Plan für uns.

Man könnte meinen, das dritte Gebot sei unserem modernen Lebensstil angepaßt worden. Anstelle von "Du sollst den Feiertag heiligen" möchten viele gerne lesen: "Du sollst am Feiertag arbeiten". Der Sonntag wird nicht mehr als Ruhetag angesehen. Für viele Frauen ist es ein "Nachholtag". Die Hausarbeit und unzählige andere Dinge, die während der Woche liegengeblieben sind, werden am Sonntag erledigt. Streß - eine der häufigsten Krankheitsursachen - ist der Preis, den viele bezahlen müssen, weil sie nicht gelernt haben, sich an Gottes Gebot zu halten und auszuruhen.

Ich habe mit meinem Mann eine Grundregel (vielleicht sogar eine Tradition) für unsere Familie festgelegt. Die Sonntagnachmittage sind ausschließlich zum Ausruhen bestimmt. Wir versuchen, diese Zeit von allen Betätigungen freizuhalten, bei denen wir nicht zu Hause sein können. Ich habe mit unserer früheren Tradition gebrochen, nach dem Gottesdienst ein großes Mittagessen zu kochen, weil das zu viel Zeit und Mühe kostete. Unser Sonntagsmenü besteht jetzt aus einfachen Gerichten wie Suppe und belegten Broten. Es gibt schon mal Ausnahmen, aber im allgemeinen lassen wir uns diesen Ruhetag nicht nehmen. Wir brauchen ihn ganz einfach. Es ist der Tag, an dem wir den Herrn anbeten, damit Leib, Seele und Geist für die kommende Woche gerüstet sind.

Wir brauchen täglich eine Zeit der Entspannung. Meine Mutter, eine außerordentlich gescheite und praktisch veranlagte Frau, ermunterte mich als junge Mutter, jeden Tag Ruhepausen einzuplanen. "Du brauchst kein schlechtes Gewissen zu haben, wenn du ein Nickerchen machst, während die Kinder schlafen. Die Hausarbeit kann warten. Deine Kinder brauchen vor allem eine ausgeruhte, glückliche Mutti. Das ist wichtiger als ein sauberes Haus", sagte sie mir oft.

Als meine Kinder älter waren und keine Schläfchen mehr halten wollten, bestand ich weiterhin darauf, daß sie für eine Stunde in ihr Zimmer gingen. Sie mußten nicht schlafen, sie durften lesen oder spielen, aber sie mußten still sein. Oft stellte ich den Wecker, um eine ruhige Stunde zu haben. Ich brauchte diese Zeit des Alleinseins und der Ruhe für mich selbst. Sie bereitete mich auf den kommenden Abend vor.

Sie sollten es nicht nur als Möglichkeit betrachten, jeden Tag Ruhepausen einzuplanen; es sollte unbedingte Voraussetzung für ein erfolgreiches Leben als Mutter sein. Haben Sie kein schlechtes Gewissen, wenn Sie sich bei aller Arbeit Zeit für sich selbst nehmen. Sie brauchen es!

Das Dringliche und das Wichtige

Von Jesus können wir lernen, Dringendes von wirklich Wichtigem zu unterscheiden. Bei ihm hatte immer Vorrang, was gerade am wichtigsten war.

Dringend ist all das, was scheinbar keinen Aufschub duldet. Es kann sich dabei um lästige Unterbrechungen zur falschen Zeit und aus falschem Anlaß handeln oder um Mitmenschen, die etwas von uns wollen.

Während sich dringende Angelegenheiten ständig in den Vordergrund drängen, bleibt das Wichtige still im Hintergrund. Es wartet geduldig, bis wir es bemerken. Das Dringliche greift nach uns, während das Wichtige darauf wartet, daß wir es ergreifen. Mit anderen Worten: die wichtigen Dinge des Lebens erfordern Disziplin, während die dringlichen spontan erledigt werden.

Wichtiges, z. B. kreative Spiele oder sonstige Unternehmungen mit den Kindern, tröstende Briefe, Gebet und Bibelstudium, Krankenbesuche, wichtige Telefongespräche, Beginn der längst fälligen Schlankheitskur oder nötige Ruhepausen - alles wird rasch beiseite geschoben, wenn es gilt, Dringendes zu erledigen.

Jesus sah sich oft dringenden Fällen gegenüber, die ihn von den vorrangigen Dingen hätten abbringen können, die ihm aufgetragen waren. Er aber hatte ein Ziel vor Augen, und das bewahrte ihn vor Ablenkungen.

In Markus 5,22-43 lesen wir, wie Jesus auf dem Weg zu einem wichtigen Dienst von einer dringlichen Angelegenheit unterbrochen wird. Jairus, einer der Synagogenvorsteher, kommt zu ihm und bittet ihn, seine Tochter zu heilen, die im Sterben liegt. Jesus hat Mitleid mit dem Mann und macht sich mit ihm auf den Weg zu seinem Haus. Unterwegs wird er von einer Frau angehalten, die seit Jahren unter Blutungen leidet. Geht er an diesem dringenden Fall vorüber? Nein; er gibt dem Augenblick nach, spricht ihr seine Anerkennung aus und hilft ihr. Durch diese ganze Aufregung hätte er sein ursprüngliches Ziel, in das Haus des Jairus zu gehen, leicht aus den Augen verlieren können. Er hätte stehenbleiben und eine Rede über den großen Glauben dieser Frau halten können. Er tat es nicht, weil er sich um etwas Wichtiges kümmern mußte.

Ich frage mich, was wohl Jairus gedacht haben mag. Er schaute dem Meister ruhig zu. Sicher hätte er Jesus gerne gesagt, er solle sich beeilen; aber er wartete geduldig. Dann brachte man ihm die Nachricht, seine Tochter sei soeben gestorben. In diesem Augenblick war er sicher nicht nur von Trauer, sondern auch von Wut und Ärger erfüllt. Jesus verstand das, wandte sich ihm inmitten all der Aufregung um die Heilung der Frau zu und sagte: "Fürchte dich nicht; glaube nur!" (Markus 5,36).

Jesus hatte ein Ziel, das Ziel, die Tochter des Jairus zu heilen. Er ließ sich durch das Dringliche nicht vom Wichtigen abhalten.

Sicher erleben wir alle diese ständige Spannung zwischen beiden. Weil wir uns um das kümmern, was sofort getan werden muß, werden wir müde.

Wir geben der vielen Arbeit die Schuld für unsere Unruhe. In Wirklichkeit ist die Ursache für unseren Streß aber nicht die harte Arbeit, sondern es sind die Zweifel und Unsicherheiten in bezug auf das, was wir tun. Wir sind zu Sklaven des Dringlichen geworden.

Unser eigentliches Problem ist nicht der Zeitmangel. Es liegt viel tiefer. Es ist unsere Unfähigkeit, Wichtiges und Dringliches voneinander zu unterscheiden. Wenn wir dem Wichtigen Vorrang geben, dann kommen wir aus dem Streß heraus.

Wie unterschied Jesus, was wichtig und was dringlich war? Er "zog sich zurück und war in einsamen Gegenden und betete" (Lukas 5,16). Er wartete betend auf die Anweisungen seines Vaters und wußte an jedem Tag, was er zu tun hatte. Der Wille Gottes war maßgebend für ihn.

Wie beginnen Sie Ihren Tag? Sind Sie so sehr mit Ihren eigenen Angelegenheiten beschäftigt, daß Sie keine Zeit haben, auf die sanfte Stimme Gottes zu hören, die Ihren Tagesablauf bestimmen will? Gottes Wort sagt uns: "Trachtet aber zuerst nach dem Reich Gottes und nach seiner Gerechtigkeit, und dies alles wird euch hinzugefügt werden" (Matthäus 6,33). Wir brauchen die Zeit der Stille vor dem Herrn, bevor wir unseren hektischen Alltag beginnen. Wenn wir uns diese Stille Zeit zur Gewohnheit machen, sparen wir sogar Zeit!

Die Zeit klug einsetzen

Jesus ging weise mit seiner Zeit um. Sie unweise zu gebrauchen, hat Zeitverschwendung und Zeitnot zur Folge. Die Heilige Schrift lehrt uns, daß Jesus keine Zeit in irdischen Besitz investierte (Matthäus 8,20). Er hatte nicht einmal einen Platz, wo er sein Haupt hinlegen konnte. Er widmete seine Zeit ausschließlich den Menschen und der Gemeinschaft mit seinem himmlischen Vater.

Die Lebensphilosophie der Welt heißt: "Setze deine Zeit ein für die Dinge dieser Welt. Schaffe, damit du etwas hast!" Gottes Wort will uns davor bewahren, daß wir den materiellen Dingen zuviel Bedeutung beimessen. In Lukas 12,15-34 lesen wir, worin der wahre Reichtum des Lebens für uns besteht.

Darf ich Sie fragen, was Ihnen im Moment das Wichtigste im Leben ist? Ist es Ihr Haus, Ihre finanzielle Sicherheit, Ihr Ansehen, Ihr Beruf? Wenn Ihnen die Beziehung zu Jesus nicht am wichtigsten ist, dann verschwenden Sie möglicherweise einen Großteil Ihrer kostbaren Zeit. Nur zwei Dinge wird es immer geben: Die Menschen und das Wort Gottes. Alles andere wird eines Tages vergehen. Ich möchte es machen wie Jesus und meine Zeit für etwas einsetzen, das ewig bleibt. "Alles Fleisch ist wie Gras, und alle seine Herrlichkeit wie des Grases Blume. Das Gras ist verdorrt, und die Blume ist abgefallen; aber das Wort des Herrn bleibt in Ewigkeit" (1. Petrus 1,24-25). Und 1. Johannes 2,17 sagt uns, daß Gott auch dem Menschen ewiges Leben schenken will: "Die Welt vergeht und ihre Lust; wer aber den Willen Gottes tut, bleibt in Ewigkeit."

Wenn wir sterben, können wir von unserem materiellen Besitz gar nichts mitnehmen, und dennoch leben viele von uns so, als wollten sie auf dieser Erde ein Königreich errichten. Sie saugen die vergänglichen Dinge dieser Welt auf wie ein Schwamm das Wasser. Nehmen wir die Mahnung zu Herzen, die Jesus der geschäftigen Martha zuruft: "Martha, Martha! Du bist besorgt und beunruhigt um viele Dinge; eins aber ist not. Maria aber hat das gute Teil erwählt, das nicht von ihr genommen werden wird" (Lukas 10,41-42).

Paul, mein ältester Sohn, war als Teenager manchmal ziemlich ungeschickt. Er wuchs so schnell, daß es oft schien, als könne er mit sich selbst nicht Schritt halten. An der Wand meiner Eßnische hängt eine wunderschöne Vitrine, in der ich alle meine kleinen Schätze aufbewahre, Dinge, die ich von lieben Menschen geschenkt bekam. Eine besondere Kostbarkeit war eine Sammeltasse aus zartem Porzellan, die mir Warrens Großmutter für Elisabeth gegeben hatte. Es war eine echte Antiquität, und ich hing sehr an ihr. Eines Tages kam Paul in die Eßnische, stieß mit der Schulter an die Ecke der Vitrine und - plumps - lag alles auf dem Boden. Elisabeths Tasse und auch die Untertasse waren in die Brüche gegangen. Zuerst war ich wütend. "Kannst du nicht besser aufpassen? Wie kannst du nur so ungeschickt sein?" Dann sah ich sein betretenes Gesicht. Er hatte es ja nicht absichtlich getan. Sofort tat mir meine Heftigkeit leid. Ich hatte dem Wert einer Sache mehr Bedeutung beigemessen als dem Leben und den Gefühlen meines Sohnes. Ich hob die Scherben auf, hielt sie in der Hand und gestand Paul mit Tränen in den Augen, wie leid es mir tat, daß ich so reagiert hatte. Und dann sagte ich noch etwas, was mir half, über den Verlust meiner geliebten Sammeltasse schneller hinwegzukommen. "Paul", sagte ich, "dieses Porzellan kommt nicht mit mir in den Himmel, aber du kommst mit. Es tut mir leid, daß es mir wichtiger war als du."

Womit verbringen Sie Ihre Zeit? Wir müssen uns alle mit dieser Frage auseinandersetzen. Solange wir unser Leben in diesem Bereich nicht überprüfen, setzen wir unsere Zeit wahrscheinlich unvorteilhaft ein und können wenig Frucht bringen.

Halten Sie sich für einen vielbeschäftigten Menschen? Ob Ihre Betriebsamkeit falsch ist, können Sie nur herausfinden, wenn Sie nach Gottes Willen fragen. Wenn Sie wirklich den Wunsch haben, den Willen Gottes zu tun, wird er Ihnen helfen, den Unterschied zwischen dem Dringlichen und dem Wichtigen zu erkennen. Alles, was er von Ihnen will, ist ein offenes Herz, das fest entschlossen ist, ihm zu gehorchen. Verzweiflung und Zeitdruck wird es immer wieder geben, da gibt es kein Entrinnen. Aber die Verzweiflung wird uns nicht erdrücken, wenn wir wissen, daß all unser Tun und Handeln dem Willen Gottes untersteht.

IV

Züchtigung und Disziplin

Die Kleider begannen schon bedenklich eng anzuliegen, aber bei dem dehnbaren Material, das in den 70er Jahren so beliebt war, konnte man leicht noch ein paar überflüssige Pfunde hineinzwängen. Bald war es jedoch ganz offensichtlich, daß der Stoff bis zum äußersten überdehnt war und daß Elise Arndt eine Abmagerungskur nötig hatte. Wie ich mich dagegen sträubte!

Ich erzählte einer Freundin von meinem Problem. Es ist immer interessant, zu hören, was ein Außenstehender vorschlägt. Meine Freundin - ihr Name ist Dot - meinte, für mich sei ein bestimmtes neues Diätprogramm genau das Richtige. Da sie auch ein paar Pfunde loswerden wollte, schlug sie vor, daß wir den Kurs gemeinsam leiten sollten.

Noch eine weitere Frauenstunde zu halten, war so ziemlich das Letzte, was ich jetzt brauchen konnte. "Weißt du denn nicht, wie beschäftigt ich bin, Dot? Ich kann nichts Neues mehr übernehmen." Ich bemühte mich standhaft, bei meinen Ausreden zu bleiben, aber irgendwie überredete sie mich dann doch, es wenigstens zu versuchen.

Beim Durcharbeiten des Materials wurde mir klar, daß meine Lage ernster war, als ich vermutet hatte. Dieser Diätkurs besteht nämlich nicht nur aus Ratschlägen für richtiges Essen und körperliche Betätigung, sondern er fordert uns auch zur Disziplin im geistlichen Bereich auf. Wir beschlossen, uns gegenseitig zu kontrollieren. Wenn wir anderen Frauen etwas beibringen wollten, mußten wir ihnen ein Vorbild sein. Ich gebe zu, daß mir Dots Überwachung oft lästig wurde. Es gefiel mir gar nicht, daß da jemand mein Eßverhalten, meine tägliche Gymnastik und mein Glaubensleben kontrollierte. Ich kam mir vor wie in einer Schlacht: mein Wille gegen den Willen Gottes.

Mein Kampf mit den Pfunden war allerdings nur Ausdruck eines wesentlich tieferen Problems. Gott arbeitete an mir. Er zeigte mir, was es bedeutet, im Glaubensleben ein Langstreckenläufer und nicht nur ein Sprinter zu sein. Ich lernte allmählich, mich der Macht

Gottes zu unterstellen, mich als "lebendiges Opfer" hinzugeben (Römer 12,1-2). Das war das genaue Gegenteil von dem, was meine menschliche Natur wollte. Es war unbequem, und ich begehrte dagegen auf.

Das Chaos regiert

Seit meiner Rückkehr in die Vereinigten Staaten im Jahre 1972 war ich sehr undiszipliniert geworden. Ich vernachlässigte die Wäsche und den Haushalt und gab mir bei der Zubereitung der Mahlzeiten wenig Mühe. Immer mehr Zeit verbrachte ich außer Haus, wo ich auf vielen Gebieten tätig war. Dadurch blieb mir nur wenig Zeit, den Haushalt einigermaßen in Schuß zu halten. Ich ließ mein Leben ständig von dringlichen Angelegenheiten beherrschen. Briefe, Mitteilungen an Lehrer, Telefongespräche und die Suche nach einem Babysitter schob ich stets bis zur letzten Minute auf. Täglich verlegte ich die Hausaufgabenhefte der Kinder, Post, Rezepte oder andere wichtige Papiere.

Ich bemühte mich, an alles zu denken, aber nur allzu oft verpaßte ich Verabredungen. Einmal erschien ich anläßlich einer Fahrgemeinschaft am falschen Ort zur falschen Zeit. Ich konnte gar nicht begreifen, wie es andere Leute schafften, ihre Termine einzuhalten.

Ich hatte Gott gebeten, mein Leben in die Hand zu nehmen und Ordnung in dieses Chaos zu bringen. Und jetzt tauchte da dieser Diätkurs auf. War das etwa Gottes Antwort auf mein Gebet nach mehr Ordnung in meinem Leben?

Einer der wichtigsten Verse, die ich in den folgenden Wochen lernte, steht in Hebräer 12,11: "Alle Züchtigung scheint uns zwar für die Gegenwart nicht Freude, sondern Traurigkeit zu sein; nachher aber gibt sie denen, die durch sie geübt sind, die friedsame Frucht der Gerechtigkeit." Es waren 36 schwere Wochen. Ich empfand es als regelrechte Qual, eine Reihe von Züchtigungen erdulden zu müssen und jemandem Rechenschaft schuldig zu sein. Es war meiner menschlichen Natur zuwider. Das einzige, was mich aufrecht hielt, war die Zusage aus Hebräer 12,11. Ich sehnte mich so sehr nach Frieden! Ich wußte, daß es nur einen gab, der mir Frieden geben konnte: Jesus Christus.

Der Friede kehrt ein

Dieser Friede machte sich schon bald in meinem Tagesablauf bemerkbar. Ergebnisse zeichneten sich ab. Die Zeit, die ich konsequent alleine mit Gott verbrachte, stärkte mich für den ganzen Tag. Eine neue Kraft stieg in mir auf, die mir half, den Versuchungen zu widerstehen. Das betraf nicht nur meine Diät, sondern auch die Versuchung, Dinge aufzuschieben oder dem Dringlichen nachzugeben, wenn das Wichtige auf mich wartete. Ich lernte, mich Gottes Allmacht zu unterstellen und fest mit seinem Frieden zu rechnen. Das war nicht leicht, aber am Ende durfte ich genießen, wonach ich mich so sehr gesehnt hatte: die "friedsame Frucht der Gerechtigkeit".

Als ich begann, mir Ziele zu setzen und zu überlegen, wie sie zu erreichen waren, tat sich etwas. Das Weihnachtsfest kam - und diesmal war ich wirklich darauf vorbereitet! Wie hatte ich doch immer die Leute beneidet, die ihre Weihnachtskarten schon Ende November abschicken konnten! Jetzt war ich es, die auf dem Postamt Briefmarken kaufte und meine fertig adressierten Karten voller Stolz in den Briefkasten warf. Ich schmückte das Haus bereits Wochen vorher. Ich nähte das Kleid für meine Tochter fertig; es hing im Schrank und wartete nur darauf, angezogen zu werden. Das alleine war bereits ein großer Erfolg. Bisher hatte ich nämlich immer gedacht, daß Nähen am Heiligabend ein unvermeidlicher Bestandteil der nervenaufreibenden "Weihnachtsbräuche" sei. Kein Weihnachtsgeschenk wurde mehr in letzter Minute gekauft. Sie wurden frühzeitig verpackt und unter den Baum gelegt. In diesem Jahr konnte ich wirklich in aller Ruhe auf das Christfest warten.

Aber es änderte sich noch mehr bei Familie Arndt: Die Wäsche fand ihren Weg vom Waschtisch in die Kommoden. Mein Mann staunte über die gebügelten Hemden in seinem Schrank und über die Socken und Unterwäsche in seinen Schubladen. Akten tauchten auf, das Scheckbuch war in Ordnung, das Essensgeld für die Kinder lag schon am Vorabend bereit, ein Kalender erschien neben dem Telefon, und ein kleines schwarzes Notizbuch wurde mein ständiger Begleiter. In mein Leben begann Ordnung einzuziehen. Die ersten, die es bemerkten, waren meine eigenen Familienmitglieder;

sie stellten fest, daß ich ein glücklicherer Mensch geworden war. Ab und zu verfiel ich noch in die alten Gewohnheiten; meine Leute nannten das die "Crazy-Lady-Routine". Aber die meiste Zeit strahlte mein Leben Ruhe und heitere Gelassenheit aus. Ich hatte Frieden gefunden.

Ich begann ordentlich zu werden, obwohl ich noch immer zu viele Dinge auf einmal tat. Mein Terminkalender war übervoll mit Vorträgen und anderen Aufgaben in der Frauenarbeit befreundeter Gemeinden. Ich hatte noch viel zu lernen, aber ich war auf dem richtigen Weg. Die "friedsame Frucht der Gerechtigkeit" begann sichtbar zu werden. Weil ich bestrebt war, dem Herrn zu gehorchen, wurde ich gesegnet.

Der Segen des Gehorsams

In 5. Mose 28, jenem großartigen Kapitel über den Segen des Gehorsams, steht Mose vor den Kindern Israel und fordert sie auf, die Gebote des Herrn zu halten, damit sie beim Einzug ins gelobte Land die Segnungen empfangen konnten, die Gott ihnen verheißen hatte.

> *Und es wird geschehen, wenn du der Stimme des HERRN, deines Gottes, genau gehorchst, daß du darauf achtest, all seine Gebote zu tun, die ich dir heute befehle, dann wird der HERR, dein Gott, dich als höchste über alle Nationen der Erde stellen. Und alle diese Segnungen werden über dich kommen und werden dich erreichen, wenn du der Stimme des HERRN, deines Gottes, gehorchst.*

Später warnt sie Mose vor den Folgen des Ungehorsams.

> *Es wird aber geschehen, wenn du der Stimme des HERRN, deines Gottes, nicht gehorchst, so daß du nicht darauf achtest, all seine Gebote und seine Ordnungen zu tun, die ich dir heute gebiete, dann werden all diese Flüche über dich kommen und dich erreichen.*

Gehorsam gegen Gott bringt immer Segen ein, während Ungehorsam Fluch bedeutet. So einfach ist das! Wenn unser Leben von Freude erfüllt sein soll, müssen wir Gott gehorsam sein.

Der Schreiber des Hebräerbriefes ermuntert uns, den Blick auf Jesus zu richten,

> *der um der vor ihm liegenden Freude willen die Schande nicht achtete und das Kreuz erduldete und sich gesetzt hat zur Rechten des Thrones Gottes. Denn betrachtet den, der so großen Widerspruch von den Sündern gegen sich erduldet hat, damit ihr nicht ermüdet und in euren Seelen ermattet (Hebräer 12,2-4).*

Jesus dachte mitten im Leid an die zukünftige Freude. Er wußte, was ihn am Ende erwarten würde, wenn er am Kreuz sein Leben für unsere Sünden dahingab. Er war bereit, Schmerzen zu erdulden, weil er wußte, was er damit bewirken konnte. Es machte ihm Freude, dem Willen seines himmlischen Vaters zu gehorchen.

Weil Jesus nicht nur eine göttliche, sondern auch eine menschliche Natur hatte, mußte er Gehorsam lernen. Er hatte einen Auftrag erhalten: eine verlorene, sterbende Welt zu suchen und zu retten und alle Menschen zu sich zu ziehen. Um diese Aufgabe zu erfüllen, mußte er die Wünsche seiner menschlichen Natur verleugnen und sich ganz dem Willen seines himmlischen Vaters ausliefern. Das erforderte Disziplin. Er hatte ebenso zu kämpfen wie wir. In Hebräer 5,8-9 lesen wir:

> *... und lernte, obwohl er Sohn war, an dem, was er litt, den Gehorsam; und vollendet ist er in allen, die ihm gehorchen, der Urheber ewigen Heils geworden.*

Sein Gehorsam führte ihn ans Kreuz. Es ist wichtig, daß wir verstehen, daß auch Jesus Gehorsam lernen mußte. Wie tröstlich ist es doch, daß er uns vorausgegangen ist und jede Schwierigkeit durchlebt hat, in die wir geraten könnten. Und er blieb in jeder Situation Sieger!

Unmittelbar vor seinem Leiden und Sterben ging Jesus in den Garten Gethsemane, um zu beten. Er wußte, was ihm bevorstand, und so fragte er seinen Vater, ob es wirklich keinen anderen Weg für ihn gebe.

Und er fiel auf die Erde; und er betete, daß, wenn es möglich sei, die Stunde an ihm vorübergehe. Und er sprach: Abba, Vater, alles ist dir möglich. Nimm diesen Kelch von mir weg! Doch nicht, was ich will, sondern was du willst! (Markus 14,35-36)

Jesus war seinem himmlischen Vater völlig ergeben. Unsere menschliche Natur möchte, daß wir unser Leben selbst bestimmen. Jesus zeigt uns durch diesen Gehorsamsakt, daß Gottes heiliger Wille nur dann offenbar werden kann, wenn wir unsere eigensüchtigen Wünsche aufgeben. Gehorsam ist das wahre Kennzeichen eines Jüngers Jesu und eine der Voraussetzungen für das überfließende Leben, das uns Jesus versprochen hat.

Fleisch gegen Geist

Unser Geist ist bereit, Gott zu gehorchen und sich von ihm züchtigen zu lassen; denn der Heilige Geist, der in uns wirkt, treibt uns dem Willen Gottes zu. Warum tun wir ihn dann aber nicht? Paulus erklärt dazu in Römer 7,18-23:

Denn ich weiß, daß in mir, das ist in meinem Fleisch, nichts Gutes wohnt; denn das Wollen ist bei mir vorhanden, aber das Vollbringen des Guten nicht. Denn das Gute, das ich will, übe ich nicht aus, sondern das Böse, das ich nicht will, das tue ich. Wenn ich aber das, was ich nicht will, ausübe, so vollbringe nicht mehr ich es, sondern die in mir wohnende Sünde. Ich finde also das Gesetz, daß bei mir, der ich das Gute tun will, nur das Böse vorhanden ist. Denn ich habe nach dem inneren Menschen Wohlgefallen am Gesetz Gottes. Aber ich sehe ein anderes Gesetz in meinen Gliedern, das dem Gesetz meines Sinnes widerstreitet und mich in Gefangenschaft bringt unter das Gesetz der Sünde, das in meinen Gliedern ist.

Im Leben jedes Gläubigen spielt sich ein ständiger Kampf ab: der Kampf zwischen dem Fleisch und dem Geist. Zu wissen, was wir tun sollen, ist leicht; es jedoch in die Praxis umzusetzen, das ist eine andere Sache. Gott möchte, daß wir jeden Bereich unseres Lebens der Herrschaft des Heiligen Geistes unterstellen, um Jesus Christus zu verherrlichen. Er möchte, daß Wissen und Tun übereinstimmen - und dazu gehört Disziplin.

Hebräer 12 ist ein großartiges Kapitel über die Züchtigung Gottes. Wir sollten dieses Kapitel oft lesen, um Gottes Willen ständig vor Augen zu haben.

> *Was ihr erduldet, ist zur Züchtigung: Gott behandelt euch als Söhne. Denn ist der ein Sohn, den der Vater nicht züchtigt? Wenn ihr aber ohne Züchtigung seid, deren alle teilhaftig geworden sind, so seid ihr Bastarde und nicht Söhne. Zudem hatten wir auch unsere Väter nach dem Fleisch als Züchtiger und scheuten sie. Sollen wir nicht vielmehr dem Vater der Geister unterwürfig sein und leben? Denn sie züchtigten uns freilich für wenige Tage nach ihrem Gutdünken, er aber zum Nutzen, damit wir seiner Heiligkeit teilhaftig werden (Hebräer 12,7-10).*

Wenn Gott uns züchtigt, hat das immer einen Grund. Die Kinder Israel streiften 40 Jahre lang in der Wüste umher. Immer wieder wurden sie Gott ungehorsam, und die Folge war ein Leben voller Not und Schmerzen. Gott wollte, daß sie das verheißene Land als gereinigtes Volk betreten sollten, als ein Volk, das Gehorsam gelernt hatte. Durch Züchtigung bereitete er sie darauf vor.

Wandern Sie auch in der Wüste umher? Meine "Wüste" war ein schlecht organisiertes Leben, das keine Frucht brachte und voller Enttäuschungen war. Ich war dem Herrn ungehorsam in bezug auf das, was er in mir schaffen wollte. Ich wollte alles auf meine Weise tun. Bevor ich nicht gelernt hatte, mich seinem Willen völlig zu unterstellen, blieb ich weit entfernt davon, die Freuden des verheißenen Landes zu erfahren.

Züchtigung bedeutet nicht, Menschen in Roboter zu verwandeln. Gott nimmt uns nicht den freien Willen. Er läßt uns immer die Wahl, was unser Alltagsleben betrifft. Die Züchtigung will uns zu einem gottesfürchtigen Lebenswandel erziehen, "damit wir seiner Heiligkeit teilhaftig werden". Sie möchte Ordnung in unser ungeordnetes Leben bringen. Sie möchte uns zur Selbstbeherrschung befähigen und gottesfürchtige Menschen aus uns machen. "Ihr aber seid ein auserwähltes Volk, ein königliches Priestertum, eine heilige Nation, ein Volk zum Besitztum, damit ihr die Tugenden dessen verkündigt, der euch aus der Finsternis zu seinem wunderbaren Licht berufen hat" (1. Petrus 2,9). In der beständigen Züchtigung erweist uns Gott seine Liebe.

Unsere sündige Natur rebelliert gegen die Züchtigung. Wir möchten, daß uns alles von selbst zufällt. Wir wollen uns nicht ändern, weil Veränderungen schmerzhaft sind.

Züchtigung hat mit Disziplin zu tun. Das bedeutet Arbeit und beständige Anstrengung. Paulus gebrauchte für "Züchtigung" ein Wort, von dem sich unsere deutschen Begriffe "Gymnastik" und "Gymnasium" ableiten. Laut Wörterbuch bedeutet Disziplin auch Unterrichts- oder Wissenszweig. Disziplin hängt also mit Lernen zusammen. Sie wird auch als Schulung beschrieben, die Selbstbeherrschung, Charakterstärke, Ordnung und Leistungsfähigkeit bewirkt.

Ein Sportler kann erst erfolgreich sein, wenn er viele Jahre hart an sich gearbeitet hat. Das fortwährende tägliche Training ist unerläßlich, wenn der Sportler bei Wettkämpfen gut in Form sein will.

> *Jeder aber, der kämpft, ist enthaltsam in allem; jene freilich, damit sie einen vergänglichen Siegeskranz empfangen, wir aber einen unvergänglichen. Ich laufe nun so, nicht wie ins Ungewisse; ich kämpfe so, nicht wie einer, der in die Luft schlägt; sondern ich zerschlage meinen Leib und knechte ihn, damit ich nicht, nachdem ich anderen gepredigt, selbst verwerflich werde (1. Korinther 9,25-27).*

Auch für den Christen ist fortwährendes tägliches "Training" sehr wichtig. Jesus sagt: "Wenn jemand mir nachkommen will, verleugne er sich selbst und nehme sein Kreuz auf täglich und folge mir nach" (Lukas 9,23). Was heißt das, sein Kreuz aufnehmen und Jesus nachfolgen? Früher dachte ich, damit sei gemeint, eine Krankheit oder irgendwelche Belastungen zu ertragen. In Wirklichkeit bedeutet "sein Kreuz aufnehmen": sich selbst verleugnen, das eigene Ich töten, die Begierden des natürlichen Menschen ablegen. Wir sollen unsere Eigensucht überwinden und tun, was Gott von uns verlangt.

Selbstverleugnung ist eine schmerzhafte Angelegenheit. Das mußte auch Jesus im Garten Gethsemane erfahren. Er kämpfte mit seiner menschlichen Natur, und uns wird es ebenso ergehen. Gott wird Ihnen bestimmte Gedanken, Ansichten und Gewohnheiten zeigen, die Sie ablegen sollen. Neue, gottgewollte Verhaltensweisen werden an deren Stelle treten. Wenn Sie sich ihm öffnen, wird er Ihnen all Ihre Gewohnheiten zeigen - im Haushalt, im Glaubensleben, im Umgang mit anderen Menschen und auch auf anderen Gebieten -, die Sie am Vorwärtskommen hindern. Es wird Ihnen sicher nicht leichtfallen, morgens eine Viertelstunde früher aufzustehen, um den Tag mit dem Herrn zu beginnen. Es wird Ihnen Mühe bereiten, der Versuchung zu widerstehen, fernzusehen, die Lieblingszeitschrift oder Zeitung zu lesen, wenn Arbeit auf Sie wartet. Sie werden merken, wie sich Ihr Innerstes dagegen auflehnt, all das abzulegen, was Sie an Ihrer Arbeit hindert.

Kraft zum Sieg

Dieser Kampf zwischen Fleisch und Geist kann nur in der Kraft des Heiligen Geistes gewonnen werden. Darüber müssen wir uns im klaren sein. Wenn wir auch sehr schwach sind und keinen Sieg erringen können: Jesus ist stark, und er hat diesen Kampf für uns gekämpft. "Deshalb habe ich Wohlgefallen an Schwachheiten, an Mißhandlungen, an Nöten, an Verfolgungen, an Ängsten um Christi willen; denn wenn ich schwach bin, dann bin ich stark" (2. Korinther 12,10).

Gott ist es, der in uns wirkt. Wenn wir merken, daß wir am Ende sind, wenn wir niemanden haben, an den wir uns wenden können; wenn wir sehen, daß unsere menschliche Natur unfähig ist, auch nur zu wünschen, den Willen Gottes zu tun; wenn die Sünde in unserem Leben verhindert, daß wir die Segnungen Gottes empfangen - dann wird uns so richtig bewußt, wie völlig abhängig wir von ihm sind. Wir müssen mit Petrus bekennen: "Herr, zu wem sollten wir gehen? Du hast Worte ewigen Lebens" (Johannes 6,68).

Vielleicht rennen Sie ständig gegen eine Wand an und sehen keinen Ausweg mehr. Sie haben schon alles probiert, was Ihnen einfiel, aber der Erfolg wollte sich nicht einstellen. Es ist höchste Zeit, daß Sie es mit Jesus versuchen. Er wird Sie führen, Schritt für Schritt.

Bereitschaft zur Selbstdisziplin

Bei der Disziplin spielt unser Wille eine ganz wesentliche Rolle. Wie oft warten wir auf das richtige Gefühl oder auf eine direkte Offenbarung Gottes - auf einen Geistesblitz, der uns zum Handeln bewegen soll. Viele Christen kommen in ihrem Glauben niemals über die Gefühlsebene hinaus. Sie erleben den Sieg des Herrn nicht, lassen sich von ihren Gefühlen beherrschen und geben schließlich auf. Was wir brauchen ist Geduld. Ab und zu werden wir versagen, aber wir müssen Gott Gelegenheit geben, unsere Fehler zu vergeben. Der Heilige Geist wird uns aufrichten und einen Neuanfang schenken; das verheißt uns Gottes Wort: "Ich bin ebenso in guter Zuversicht, daß der, welcher ein gutes Werk in euch angefangen hat, es vollenden wird bis auf den Tag Christi Jesu" (Philipper 1,6). Disziplin ist nur dann umsonst, wenn wir vorzeitig aufgeben.

Gott tastet unsere Willensfreiheit nicht an. Wir können uns für Gottes Segenswege entscheiden, haben aber auch die Möglichkeit, nach unserem eigenen Willen zu handeln. Gott wird das Seine dazu tun, daß wir seinen Willen ersehnen, und er wird uns die Kraft geben, ihn zu befolgen. Allerdings müssen wir auch selbst unseren Teil dazu beitragen. Wir müssen zu Gott kommen, wenn wir seine Hilfe brauchen und ihm zutrauen, daß er unsere Schritte lenkt. "Befiehl dem Herrn deine Wege und vertraue auf ihn, so wird er handeln" (Psalm 37,5).

Ausdauer

Wir brauchen Ausdauer. Bedenken Sie einmal, wie leicht Jesus hätte aufgeben können. Er kam in eine Welt, die ihn ablehnte, und dennoch blieb er standhaft. Er hielt durch, weil er den Blick auf das Ziel gerichtet hielt.

Begeisterung ist etwas Schönes, aber was wir brauchen, ist die beständige tägliche Anstrengung. Die anfängliche Begeisterung wird schnell nachlassen. Ich war begeistert von der Möglichkeit, ein neues Buch zu schreiben; aber als mir klar wurde, daß damit eine tägliche Verpflichtung verbunden war - ein tägliches Opfer an Zeit und persönlichem Einsatz -, begann ich mir die Sache noch einmal gründlich zu überlegen. Der Gedanke an einen gut funktionierenden

Haushalt ist reizvoll, aber wenn man täglich ein wenig dafür tun muß, wird es schnell zu einer Plage. Im Alltagstrott scheint es nicht sehr glanzvoll zuzugehen.

Gott hat uns mit der wunderbaren Fähigkeit ausgestattet, Gewohnheiten anzunehmen. Eine Gewohnheit ist etwas, was wir fast unbewußt und automatisch tun. Gewohnheiten kommen als Folge von Disziplin in unser Leben. Möglicherweise sind bei uns grundlegende Änderungen nötig. Vielleicht müssen wir lernen, Termine einzuhalten; Arbeiten zu beenden, bevor wir uns neuen zuwenden; oder durch eine vernünftige Diät und körperliche Betätigung etwas für uns selbst zu tun. Wenn wir in den verschiedenen Bereichen unseres Lebens tagtäglich Disziplin üben, schaffen wir gute Gewohnheiten, die uns in Fleisch und Blut übergehen. Anfangs mag es mühsam sein, jeden Morgen das Bett zu machen, aber wenn Sie es jeden Tag tun, wird es eines Tages zur Gewohnheit.

Erinnern Sie sich noch an die ersten Fahrrad- oder Rollschuhversuche Ihrer Kindheit? Wie oft fielen Sie hin beim Üben und taten sich weh! Aber Sie gaben nicht auf, bis Sie es endlich beherrschten. Trotz vieler Mißerfolge hielten sie durch. So ist es auch mit der Disziplin. Sie ist mit harter Arbeit und manchen Schmerzen verbunden. Aber der Einsatz lohnt sich: Sie werden zu einem Lebensstil finden, mit dem Gott verherrlicht wird.

In einer Welt, in der Autonomie großgeschrieben wird, ist Disziplin wenig gefragt. Ein festgelegter Tagesablauf erscheint einengend. Wer sich in seinem Leben jedoch wirklich um Disziplin bemüht, erlebt das Gegenteil: Disziplin bringt Freiheit!

Daran werde ich gerade als Mutter oft erinnert. Meine Kinder sind am glücklichsten, wenn sie wissen, was von ihnen erwartet wird. Wenn sie die Grenzen kennen, fühlen sie sich frei. Ich finde das Beispiel sehr schön, das Jay Adams in einem Büchlein über Frömmigkeit und Disziplin (*Godliness Through Discipline,* Presbyterian and Reformed Publishing Co., S. 13) anführt: "Wann ist ein Zug am freiesten? Etwa, wenn er aus den Gleisen springt und querfeldein davonfährt? Nein, er ist nur dann frei, wenn er von den Gleisen begrenzt wird. Dann läuft er reibungslos und sicher. Er muß auf den Gleisen bleiben und von den Gleisen gehalten werden, um richtig laufen zu können."

Auch wir brauchen einen Halt in unserem Leben. Wir brauchen

ein Gleis, und dieses Gleis sind die Gebote, die uns Gott in seinem Wort gegeben hat. Wenn wir uns nach den Plänen unseres Schöpfers richten, dann wird das Ergebnis Zufriedenheit, Ruhe und Ordnung sein.

Wo soll ich anfangen?

Fehlt es Ihnen an Disziplin? Ist in Ihrem Leben alles durcheinander geraten? Halten Sie dringliche Angelegenheiten vom Wichtigsten ab? Vielleicht haben Sie noch nie daran gedacht, Disziplin in Ihrem Leben zu entwickeln. Sie fragen: "Wie soll ich das anfangen? Was muß ich tun?"

Als erstes müssen Sie erkennen, daß das Problem nicht die Umstände sind oder eine andere Person; es sind Sie selbst. Sie müssen Ihre Gesinnung ändern. Sie müssen bereit sein, die Verantwortung für das Chaos um Sie her zu übernehmen. Sie müssen Gott bekennen, daß es Ihnen an Disziplin mangelt, und daß Sie sich gegen seinen Willen sträuben.

Wenn wir seine Vergebung empfangen haben, können wir zum nächsten Schritt übergehen. Wir dürfen dankbar wissen, daß er uns helfen will und helfen kann. Er wird uns ändern. Er wird uns zeigen, was sein Wille ist für unser Leben. Er ist kein Gott der Unordnung; er möchte, daß Ordnung in Ihr Leben einzieht. Er hat einen Plan und eine Aufgabe für Sie. Als Sie noch nicht geboren waren, kannte er bereits jeden Ihrer Tage (Psalm 139,16). Er schuf Sie zu einem bestimmten Zweck: Sie sollen Gott verherrlichen (1. Korinther 6,20; 10,31). Gott hat Gutes mit Ihrem Leben vor, und er will Sie vor Unheil bewahren (Jeremia 29,11). Er möchte nicht, daß Ihnen jemals etwas Böses widerfährt. Seine Absicht ist es, Leben im Überfluß zu schenken (Johannes 10,10).

Wir müssen erkennen, daß wir uns nicht aus eigener Kraft ändern können. Alle Disziplin sollte vom Heiligen Geist ausgehen, von dem wir uns täglich neu füllen lassen müssen. Er ist es, der uns antreibt. Wir müssen täglich um seine Hilfe bitten. Wenn wir disziplinierter leben wollen, müssen wir zuallererst nach Gott fragen.

Ich stelle fest: Je mehr ich zu tun habe, desto mehr Zeit muß ich mit Gott verbringen. Er ist meine Kraftquelle, und er weist mir die Richtung. Sein Wort leitet mich bei all meinen Bemühungen. Ich brauche jeden Tag diese Zeiten der Stille und des Alleinseins mit ihm.

Wir haben vielleicht alle geistlichen Voraussetzungen und wissen viel über Disziplin, aber erst wenn wir etwas dafür tun, geschieht etwas. Paulus schreibt in Philipper 3,12-14:

> *Nicht, daß ich es schon ergriffen habe oder schon vollendet sei; ich jage ihm aber nach, ob ich es auch ergreifen möge, weil ich auch von Christus Jesus ergriffen bin. Brüder, ich denke von mir selbst nicht, es ergriffen zu haben; eines aber tue ich: Ich vergesse, was dahinten, strecke mich aber aus nach dem, was vorn ist, und jage auf das Ziel zu, hin zu dem Kampfpreis der Berufung Gottes nach oben in Christus Jesus.*

Wir müssen "auf das Ziel zujagen". Der ganze Vorgang der Disziplin erfordert Ausdauer, Durchhaltevermögen und beständige tägliche Anstrengung.

Paulus war ausgesprochen zielstrebig: "eines aber tue ich". Wie oft lassen wir uns durch mancherlei Unterbrechungen von unseren Vorhaben ablenken! Wenn wir uns Ziele setzen, können wir das weitgehend verhindern.

Wir müssen auch lernen zu vergessen, was hinter uns liegt und uns ausstrecken nach dem, was vor uns liegt. Wir können nicht an Vergangenem festhalten oder unser Verhalten damit entschuldigen. Gott vergibt uns die Fehler der Vergangenheit und schenkt uns jeden Tag einen neuen Anfang.

Heute beginnt etwas Neues für Sie und für mich. Ganz gleich, wie tief wir in der Klemme sitzen, wir können noch einmal von vorne anfangen. Unsere Bemühungen führen vielleicht nicht gleich zum Erfolg. Haben Sie Geduld. Ein wenig ist besser als gar nichts. Jeder kleine Erfolg wird Sie freuen und zum Weitermachen ermutigen.

Vor Ihnen liegt ein spannendes Abenteuer. Lassen Sie sich vom Herrn die Bereiche Ihres Lebens zeigen, in denen sich etwas ändern muß. Bekennen Sie ihm Ihr Zukurzkommen und bitten Sie ihn um Hilfe. Tun Sie dann, was er von Ihnen verlangt, auch wenn es schwer sein sollte. Diszipliniert zu leben kostet etwas, aber seien Sie gewiß: am Ende werden Sie überwältigt sein von dem, was der Herr in Ihrem Leben tun wird.

Möge er Ihnen Kraft zum Durchhalten geben, damit Sie in seiner Liebe ruhen können und die Gewißheit haben, daß seine Kraft in unserer Schwachheit zur Vollendung kommt.

V

Mein neuer Freund, das Notizbuch

Psychologen sagen, daß wir nur 10 Prozent von dem behalten, was wir hören, und wenn uns etwas Wichtiges ablenkt, ist der Prozentsatz noch geringer. Als ich das hörte, begann ich mich selbst besser zu verstehen. Oft war es nämlich so, daß das, was ich mir eigentlich merken wollte, bereits von etwas Wichtigerem verdrängt wurde. Meine Vergeßlichkeit war also keine Alterserscheinung, sondern ich war ein ganz normaler Mensch mit einem normalen Gedächtnis. All die Termine, Verpflichtungen und Aktivitäten unserer siebenköpfigen Familie im Kopf zu haben, erschien mir völlig unmöglich. Ich hatte ein durchschnittliches Gehirn mit der durchschnittlichen Fähigkeit, mich an nur 10 Prozent alles Gehörten zu erinnern. Kein Wunder, daß ich Schwierigkeiten hatte!

Ich fühlte mich wie umzingelt von all den wichtigen und dringlichen Bedürfnisse meiner Mitmenschen. Die unmittelbaren Belange meiner Familie und die Bedürfnisse meiner "erweiterten" Familie - der Geschwister in der Gemeinde - alles stürmte auf mich ein. Ich versprach Leuten in bester Absicht, im Gebet an sie zu denken, aber bald schon hatte ich sie vergessen. Wenn ich mir die Tage merken wollte, an denen ich für eine Fahrgemeinschaft verantwortlich war, kam es vor, daß die Kinder voller Verzweiflung aus der Schule anriefen. "Mutti, wo bleibst du denn? Wir möchten gern nach Hause. Du wolltest uns doch abholen!"

Notizen machen

Ich wußte, wie ich Abhilfe schaffen konnte: Ich mußte mir die Dinge aufschreiben. Je weniger Sie im Kopf behalten müssen, desto freier ist Ihr Gehirn für schöpferische Gedanken. Irgendwo las ich eine alte chinesische Weisheit: "Die blasseste Tinte ist stärker als das beste Gedächtnis." Und so wurde mein Wahlspruch: "Raus aus dem Kopf und drauf aufs Papier". Indem ich mir alles aufschrieb, fiel die Sorge von mir ab, ich könne irgend etwas vergessen. Es war eine großartige Methode, aber so völlig problemlos war sie auch nicht. Diese kleinen Zettelchen mit wichtigen Mitteilungen, Telefonnummern, Terminen und Gebetsanliegen verschwanden so leicht. Es gab drei mögliche Aufbewahrungsorte, wo ich sie wiederfinden konnte: meine Geldbörse, meine Bibel oder den Küchenschrank.

Wenn ich meine Bibel öffnete, um eine Notiz zu suchen, fielen die Zettelchen heraus und verteilten sich auf dem Fußboden. Oft leerte ich vergeblich meine Geldbörse auf der Suche nach einem bestimmten Termin, einer Adresse oder Telefonnummer. Mein Küchenschrank quoll fast über mit Schulaufsätzen, Briefen, Zeitungsausschnitten, Bibelarbeiten und verschiedenen anderen wichtigen Unterlagen.

Seit ich mir Notizen machte, war ich zwar die Sorge los, ich könne etwas vergessen, aber dafür hatte ich jetzt ein neues Problem: Wie sollte ich all das wiederfinden, was ich mir aufgeschrieben hatte? Unordnung wurde sozusagen mein zweiter Vorname, und ich verlor dadurch viel kostbare Zeit.

Mein ernstzunehmender Beruf

Es mußte eine bessere Lösung geben! Mein Mann war schon immer ein außergewöhnlich ordentlicher, leistungsfähiger Mensch. Leistung und Pünktlichkeit sind für ihn selbstverständlich. Selten verpaßt er einen Termin oder läßt einen Brief unbeantwortet. Später fand ich heraus, daß Warren in seinem Beruf Methoden des Zeitmanagements anwandte. Sein Terminkalender begleitete ihn überallhin. Er zog ihn oft zu Rate, um sich zu vergewissern, daß er auf dem richtigen Weg war. Er verließ sich so auf ihn, daß er ohne ihn hilflos gewesen wäre. Das ärgerte mich; ich war eifersüchtig auf die "Liebesbeziehung" zwischen ihm und diesem kleinen Buch, und oft drohte ich, es zu verstecken.

Warum konnte nicht etwas von seinem Organisationstalent auf mich abfärben? Vielleicht nahm ich meine Rolle als Hausfrau nicht ernst genug. Aber ich glaubte, daß es ein richtiger Beruf war - ein Betrieb, der ebensoviel Organisation erforderte wie ein großes Unternehmen.

Meine Unordnung paßte nicht in Gottes Plan für unser Zuhause. Ich las 1. Korinther 14,40: "Alles aber geschehe anständig und in Ordnung". Ich glaube nicht, daß Paulus diese Worte nur für die Gemeinde in Korinth geschrieben hat. Das waren Worte, die auch für Elise Arndt und für jede andere Mutter im Hinblick auf ihr Heim gelten konnten.

Stephanie Winston, Autorin von *Getting Organized* (erschienen bei Warner Books) hat mit ihren Ratschlägen vielen Menschen geholfen, Ordnung in ihren Alltag zu bringen. "Allen ist gemeinsam", schreibt sie, "daß sie sich als Opfer von Unterbrechungen sehen und nicht fähig sind, viele kleine Entscheidungen zu treffen. Sie fühlen sich überfordert." Unter organisierter Ordnung versteht sie "die Fähigkeit, dann etwas zu finden, wenn man es finden will, und dann etwas zu vollbringen, wenn man es vollbringen will", (*Weight Watchers*, November 1980).

Ich hatte den Wunsch, mein Heim von A bis Z zu ordnen. Es brauchte nicht alles makellos zu sein; viel wichtiger war, daß ich alles wiederfinden konnte und keine Zeit vergeudete auf der Suche nach verlorenen Gegenständen. Andererseits wollte ich aber auch Spielraum für notwendige Unterbrechungen haben. Es kommt ja immer wieder vor, daß das Baby schreit, das Telefon klingelt oder etwas Unvorhergesehenes geschieht. Auf solche Augenblicke mußte ich vorbereitet sein. Es war wichtig, die Uhr auch einmal anhalten zu können, um Zeit für Gespräche mit den Kindern zu haben, Gottes herrliche Schöpfung zu bewundern oder einer angefochtenen Freundin zuzuhören. Ich brauchte einen Plan für meinen allgemeinen Tagesablauf, in dem auch Platz war für unvorhergesehene Ereignisse und Überraschungen.

Mein Lehrmeister bei diesem Abenteuer Organisation war der Herr selbst, der die Zeit erschaffen hat. Ich wußte: nur er konnte mir helfen und mir die Antworten geben, nach denen ich suchte.

Ein kleines schwarzes Buch

Ich beschloß, etwas zu unternehmen. Ich dachte an ein Notizbuch, wie es mein Mann in Gebrauch hatte. Wenn es ihm nützlich war, konnte es für mich sicherlich dasselbe tun. Für wenig Geld wurde ich stolze Besitzerin eines kleinen schwarzen Notizbuchs. Keine schlechte Investition für etwas, das nun schon acht Jahre alt ist und mir zahllose Stunden der Suche nach verlorenen Informationen erspart hat!

Oft werde ich gefragt: "Warum ausgerechnet ein Notizbuch?" Nun, selbstverständlich gibt es auch viele andere Möglichkeiten, Informationen zu speichern - ein Heimcomputer, ein Kalender neben dem Telefon und ein Aktenschrank, um nur einige zu nennen. Aber nichts ist so praktisch wie mein Notizbuch, denn ich kann es jederzeit in die Tasche stecken. Wie oft suchen Sie im Lauf des Tages eine bestimmte Telefonnummer, einen Einkaufszettel, den Abholschein für die Reinigung oder für die Schuhreparatur; Konfektionsgrößen, die Maße eines Fensters oder Aufzeichnungen über den Weg zu einem bestimmten Haus? Wenn Sie unterwegs sind, nützt Ihnen ein Aktenschrank oder ein Computer reichlich wenig. Ein Notizbuch ist klein genug, um überall dabeizusein.

Ich habe mich in mein Notizbuch verliebt. Es ist mir ein treuer Freund geworden, der mich begleitet, wohin ich auch gehe. Wie mein Mann, so wäre auch ich ohne mein Notizbuch verloren. Es gibt mir so viel, daß ich mir inzwischen ein zweites zugelegt habe. Das eine ist für alle Eintragungen bestimmt, die ich für die Führung meines Haushalts brauche; das andere für die geistliche Bewältigung meines Lebens. Es liegt immer in der Nähe meiner Bibel und gibt Auskunft über meinen täglichen Weg mit Jesus.

Ein Notizbuch anzulegen erfordert Disziplin. Ich habe gerade gelernt, einen Textcomputer zu bedienen. Es gab oft Zeiten, da hielt ich es für leichter, an meine Schreibmaschine zurückzukehren. Ich fühlte mich in meinen alten Gewohnheiten wohl und sicher und hatte Angst vor diesem neuen, seltsam aussehenden Gerät, das Ausdauer und eine neue Denkweise erforderte. Es war sehr wohl die Mühe wert. Etwas Neues zu beginnen ist immer eine Herausforderung, aber am Ende haben Sie viel gewonnen.

Ihr Notizbuch wird eine Art Computer sein. Als erstes wird es Arbeit kosten, all die Informationen einzugeben. Vielleicht sagen sie sogar: "Ich habe keine Zeit, ein Notizbuch anzulegen." Das dachte ich auch; aber wenn sie es erst einmal geschafft haben, dann werden Sie sich fragen, wie Sie überhaupt so viele Jahre ohne Notizbuch auskommen konnten.

Der Anfang

Alles, was Sie für den Anfang brauchen, ist ein kleines Ringbuch, eine Packung passender Ringbucheinlagen, Zwischenblätter mit Plastikschildchen zum Beschriften (ich konnte zuerst keine finden und mußte mir selbst welche basteln) und ein Taschenkalendarium mit genügend Platz für Ihre Eintragungen.

Arbeiten sie jeweils nur an einem Teil Ihres Notizbuchs zur gleichen Zeit. Die Unterteilungen sollten auf Ihre Bedürfnisse abgestimmt sein. Jeder Mensch ist anders; fühlen Sie sich also durch meine Anweisungen bitte nicht eingeschränkt.

Am Anfang werden für Ihr Notizbuch wahrscheinlich drei Abschnitte am nützlichsten sein: Einer für Ihr persönliches Bibelstudium, einer für all Ihre Pflichten und ein Kalender.

Weitere Abschnitte können beinhalten: Ihre Familie, Ihren Diät - und Speiseplan, Geldangelegenheiten oder Vereine und Ausschüsse, denen Sie angehören. Nach oben gibt es keine Grenzen; Sie können sich so viele Unterteilungen schaffen, wie Sie benötigen.

Der Bibelstudienteil

Lassen Sie uns zuerst einen Blick auf den Abschnitt werfen, der für Ihr Bibelstudium bestimmt ist. Später, wenn sich Ihr Notizbuch weiterentwickelt hat, möchten sie diesen Teil vielleicht in Ihrem geistlichen Notizbuch haben, aber im Augenblick kann er im ersten-Buch bleiben. Wie man ein "geistliches Notizbuch" anlegt, erfahren Sie in einem anderen Kapitel.

Für einen Christen beginnt die Zeiteinteilung mit dem Grundsatz: "Trachtet aber zuerst nach dem Reich Gottes und nach seiner Gerechtigkeit, und dies alles wird euch hinzugefügt werden" (Matthäus 6,33). Wenn wir mit unserer Zeit sinnvoll umgehen und aus jedem Tag das Beste machen wollen, müssen wir stets bedenken, daß Gott an erster Stelle steht. Ich würde vorschlagen, daß Sie die Worte aus Matthäus 6,33 im Bibelstudienteil Ihres Notizbuches oben auf die erste Seite schreiben. Es soll Sie daran erinnern, daß Ihre Beziehung zum Herrn und das Lesen Seines Wortes wichtiger sind als alles andere. Wenn wir diesen Grundsatz begriffen haben und danach handeln, wird sich alles weitere von selbst ergeben.

Im Bibelstudienteil sollten Sie jeden Tag drei Dinge aufschreiben: das Datum, welchen Bibelabschnitt Sie gelesen haben und was Sie daraus lernen konnten (praktische Anwendung).

Beim Lesen von Gottes Wort fällt Ihnen vielleicht ein bestimmter Vers ins Auge. Unterstreichen Sie diesen Vers in Ihrer Bibel und schreiben Sie ihn in Ihr Notizbuch. Dadurch prägt sich der Vers leichter ins Gedächtnis ein. Schreiben Sie dann auf, was er für Ihr Leben, in Ihrer derzeitigen Situation, bedeutet. Denken Sie über diese Worte im Laufe des Tages immer wieder nach. Erst nachdem Sie Zeit mit dem Herrn allein beim Lesen seines Wortes und im Gebet verbracht haben, können Sie zum nächsten Teil Ihres Notizbuches übergehen und sich eine Liste Ihrer Pflichten anlegen.

Pflichten

Die Liste Ihrer Pflichten wird ein Ergebnis Ihres täglichen Gespräches mit Gott sein. Oft kommen mir während des Betens Gedanken, die mit meinem Gebet überhaupt nichts zu tun haben. Ich bete vielleicht gerade: "Herr, bitte stehe Susan bei", und es kommt mir der Gedanke in den Sinn, die Frikadellen fürs Abendessen aufzutauen oder meinem Neffen eine Geburtstagskarte zu schreiben. Früher ärgerte ich mich darüber; ich war der Meinung, meine Gebetszeit dürfe nicht gestört werden. Inzwischen habe ich gelernt, mein Gebet zu unterbrechen und solche Gedanken sofort auf meine Pflichtenliste zu schreiben. Sobald es auf dem Papier steht, belastet es den Kopf nicht mehr, und ich kann meine Gebetszeit in Ruhe fortsetzen. Geben Sie solchen spontanen Unterbrechungen nach; vielleicht sind sie Gottes Art, Ihren Tag zu regeln. "Vom HERRN her werden eines Mannes Schritte gefestigt" (Psalm 37,23). Aus diesem Grund halte ich während meiner Stillen Zeit mit dem Herrn mein Notizbuch immer in Reichweite.

In Ihrem "Pflichtenteil" notieren Sie alles, was Sie am kommenden Tag erledigen wollen: Besorgungen, Telefonate, Briefe, Geburtstags- und sonstige Glückwunschkarten, Ihren Einkaufszettel und anderes. Wenn Sie diese Liste zusammenstellen, werden Sie feststellen, daß Sie hier die wichtigen Dinge des Lebens eintragen. Das Wichtige aufschreiben hilft das Dringliche abwehren!

Ein Manager verbringt schätzungsweise nur 25 bis 50 Prozent seiner Zeit nach seinen eigenen Plänen. Deshalb lege ich nur die Hälfte meines Tages fest. So bleibt Platz für unvorhergesehene Unterbrechungen, und man wird besser mit dem Streß fertig, den die dringlichen Angelegenheiten des Lebens mit sich bringen. Ich rechne täglich damit, daß es etwas Dringliches zu erledigen gibt. Wenn ich für diese ungeplanten Unterbrechungen Zeit ansetze, bin ich beruhigter. Wenn dann einmal nichts Unerwartetes geschieht, habe ich zusätzlich Zeit, etwas für mich selbst zu tun.

Viele von uns machen sich Notizen; aber die Fachleute für Zeitmanagement sagen, daß wir den nächsten wichtigen Schritt versäumen, nämlich Prioritäten zu setzen. Wir müssen uns folgende Fragen stellen: Was sollte ich zuerst tun? Was kann nur zu einer bestimmten Zeit getan werden? Was kann ich überhaupt ganz weglassen? Wenn Sie die einzelnen Eintragungen Ihrer "Pflichtenliste" entsprechend ihrer Wichtigkeit gliedern, treffen Sie eine Auswahl. Susan Reeve, Therapeutin und Organisationsberaterin, die Betrieben und Privatpersonen beim Festlegen von Prioritäten für die Zeiteinteilung hilft, weiß folgendes zu sagen: "Nicht weil Sie mehr leisten, sondern weil Sie wählen, was Sie tun möchten, fühlen Sie sich wohler. Wenn Sie alles tun, was Ihnen gerade in den Weg kommt, haben Sie bereits eine Wahl getroffen: die Wahl, keine Wahl zu haben" (*Parent's Magazine,* November 1981).

Ihre Liste wird ein Ansporn für Sie sein. Manchmal wird es Ihnen viel Freude machen, sie zu schreiben und nach und nach all das durchzustreichen, was Sie bereits erledigt haben. Was für ein schönes Gefühl! Allerdings wird es auch Zeiten geben, in denen Ihnen die Liste endlos erscheint und Sie das Gefühl haben, nichts zustandezubringen. Jeder neue Tag bringt einen Übertrag von der Liste des Vortages mit. Bedenken Sie dann folgendes: Wenn Sie nur eine einzige Sache geschafft haben, und es war etwas Wichtiges - etwas, das auf Ihrer Liste ganz oben stand - , dann war ihr Tag schon erfolgreich.

Robbie Fanning, Autorin von *Get It All Done and Still Be Human,* schreibt dazu: "Lassen Sie sich durch Ihre Liste nicht die Freude oder die Spontaneität verderben. Diese Art der Zeiteinteilung soll Ihnen ja das Leben erleichtern und will Sie keineswegs zur zwanghaften ununterbrochenen Aktivität treiben" (Parent's Magazine, November 1981, S. 86). Es wird immer noch mehr zu tun geben. Jede unserer Listen könnte endlos sein, und man kann leicht erdrückt werden von der Fülle seiner Aufgaben.

Denken Sie stets daran, daß Ihr Zeitplan Ihr Sklave ist. Lassen Sie es nicht zu, daß Ihre Liste jeden Ihrer Schritte lenkt. Wenn Sie zum Sklaven ihrer Zeiteinteilung werden, verfehlen Sie Gottes Plan für ihr Leben. Seien Sie offen für Änderungen. Sie werden "Flauten" erleben - Tage, an denen Sie am liebsten gar nichts arbeiten würden. Gehen Sie dann in ein Restaurant, machen sie einen Spaziergang mit einer Freundin, genießen Sie das Leben. Eine kluge Frau weiß, daß sie keine Superfrau ist. Jesus ruhte auch aus, wenn er viel zu tun hatte. Er zog sich zurück, auch wenn ihn die Menschenmenge noch so sehr bedrängte. Ihre Liste ist ja nur ein Helfer, ein Freund, der Ihnen das Leben erleichtern soll. Sie soll Ihr Gedächtnis von Ballast befreien und Ihnen zu einer zuversichtlicheren, positiveren Lebenseinstellung verhelfen.

Ihr Terminkalender

Der Spaß beginnt, wenn Sie anfangen, die vielen Aktivitäten jeder Woche in Ihren Kalender einzutragen. Wenn Sie sich einen Termin beim Zahnarzt geben lassen, tragen sie die Uhrzeit in den freien Platz neben dem entsprechenden Datum ein. Markieren Sie die Woche, in der Sie mit der Fahrgemeinschaft an der Reihe sind, mit einem durchgehenden Pfeil über die Anzahl der Tage, an denen Sie fahren müssen. Zwei Tage, bevor jemand Geburtstag hat, schreiben Sie zum Beispiel: "Geburtstagskarte für ..... kaufen."

Eine meiner Tätigkeiten am Neujahrstag besteht darin, daß ich meinen Kalender für das kommende Jahr anlege. Ich trage jede Rede ein, die ich halten muß; alle Aktivitäten meiner Kinder, jeden Geburtstag und jedes Jubiläum; unsere Ferien und alle Arzt- und Zahnarzttermine. Wenn dann neue Verpflichtungen auf mich zukommen, weiß ich, wann und wie ich sie einplanen muß. Ich kann auch auf einen Blick sagen, ob ich mir zuviel vornehme. Das macht mir die Zu- oder Absage leichter.

Am Anfang jeder Woche nehme ich mir den Kalender vor; dann kann ich den Speiseplan entsprechend festlegen. Kein Rinderbraten an einem Tag, der bis zum Überlaufen voll ist mit Besorgungen! Ich kann rechtzeitig einen Babysitter bestellen, anstatt bis zur letzten Minute zu warten. Ich plane das Auto entsprechend ein - in einer Familie mit sechs Fahrern muß ich mich schon frühzeitig darum kümmern, wenn ich den Wagen brauche. Ich habe jeden Termin meiner Kinder im Blick und kann entsprechende Vorbereitungen treffen. Eine kluge Mutter gab mir die Anregung, für jedes meiner Kinder einen andersfarbigen Stift zu benutzen. So kann ich auf einen Blick sehen, wer wann wo zu sein hat.

Auch mit meinem Mann stimme ich die Termine ab. Zweimal im Jahr, im Herbst und im Januar, trägt er in seinen Kalender alle meine Vortragstermine ein. Er weiß, was mir jeden Monat bevorsteht. Das hilft ihm erkennen, wann ich von ihm und den Kindern besondere Unterstützung brauche. Es gibt auch weniger Probleme und Mißverständnisse, seit wir unsere Termine gemeinsam planen.

Eines Morgens war ich einmal so sehr damit beschäftigt, ein Zimmer in unserem Haus zu streichen, daß ich vergaß, in meinen Kalender zu sehen. Um 9 Uhr klingelte das Telefon. Es war Warren. "Wieso bist du denn zuhause?" fragte er erstaunt. "Du müßtest doch eigentlich da - und - da sein." Ich hatte meinen Termin vollkommen vergessen! Ich danke Gott für meinen lieben Mann, der täglich in seinen Kalender schaut und dementsprechend für mich betet. An jenem Morgen hatte er zuhause angerufen, um sich zu erkundigen, wie unser Sohn mit dem Malen vorankomme. Meine Stimme am anderen Ende der "Leitung versetzte ihm einen gehörigen Schreck! Ich glaube, das war eine Führung Gottes; Warrens Anruf bewahrte mich vor der Peinlichkeit, bei einer wichtigen Versammlung nicht zu erscheinen. Aus diesem Vorfall lernten wir, uns gegenseitig zu kontrollieren und unsere Termine aufeinander abzustimmen. So können wir auch füreinander gezielt beten, weil wir ja wissen, was der andere jeden Tag vor sich hat.

Ratschläge für die Zeiteinteilung

Lassen Sie Ihren Kalender für sich arbeiten. Tragen Sie Ihre Termine in den dafür vorgesehenen Raum ein. Hier sind einige Vorschläge, die vielleicht hilfreich für Sie sein können:

Lernen Sie, gleichartige Aufgaben zusammenzufassen. Planen Sie einen Tag für Besorgungen ein: Einkäufe, Bank, Reinigung,

Postamt, Eisenwarenhandlung etc. Legen Sie im voraus den zeitsparendsten Weg fest. Wenn Sie gleichartige Dinge zusammenfassen, können Sie in weniger Zeit mehr erledigen.

Ersparen Sie sich eine Menge Entscheidungen, indem Sie bestimmte Tätigkeiten für bestimmte Tage einplanen. Vielleicht sollten wir uns auf die "altmodische" Gewohnheit zurückbesinnen, montags die Wäsche zu waschen, dienstags zu bügeln (bügelt heute überhaupt noch jemand?), freitags zu putzen usw. Ich habe festgestellt, daß mir die Rückkehr zu der Gewohnheit, bestimmte Dinge an bestimmten Tagen zu tun, sehr geholfen hat. Weil ich nicht mehr so viele Entscheidungen zu treffen habe, bin ich weniger angespannt, und ich habe jeden Tag ein bestimmtes Ziel vor Augen.

Lernen Sie, größere Aufgaben aufzuteilen; versuchen Sie nicht, alles an einem Tag zu erledigen. Wenn Sie in Ihrem Haus ein Zimmer renovieren wollen, legen Sie zuerst einen Tag fest, an dem Sie die Farbe aussuchen. Schreiben sie auf, was Sie alles brauchen, und verbringen Sie einen anderen Tag damit, diese Dinge einzukaufen. Planen Sie dann einen Tag ein, an dem die Möbel entfernt und eventuelle Löcher in der Wand verschmiert werden. Am Schluß legen Sie einen Tag fest, an dem Sie nichts anderes tun als Malen, selbst wenn es nur eine Wand pro Tag ist. In einer Woche könnte das Zimmer fertig sein. Das Aufteilen von Aufgaben hilft ihnen, erreichbare Ziele zu setzen.

Vermeiden Sie unnötige Ablenkungen. Schalten Sie den Fernseher ab, wenn Sie arbeiten. Wenn er läuft, werden Sie von Ihrer geplanten Tätigkeit abgelenkt. Irgend etwas wird Ihre Aufmerksamkeit erregen, und ehe Sie sich versehen, sitzen Sie da und schauen zu. Wenn ich besonders viel zu tun habe, gehe ich nicht einmal ans Telefon. Ich schicke höchstens jemand anderen hin und verspreche, später zurückzurufen. Ein Anrufbeantworter ist für diesen Zweck geradezu ideal.

Setzen Sie sich Fristen. Stecken Sie Ihre Ziele in einen bestimmten zeitlichen Rahmen. Wenn Sie eine Arbeit beendet haben, belohnen Sie sich mit zehn Minuten Pause. Kochen Sie sich eine Tasse Kaffee oder gießen Sie sich ein schönes kühles Getränk ein. Nehmen Sie sich ein wenig Zeit für sich selbst, bevor Sie eine andere Arbeit beginnen. Das bringt bestimmt Abwechslung in den Alltagstrott!

Haben Sie kein schlechtes Gewissen. Es gibt immer so vieles, was Sie noch tun könnten. Entscheiden Sie, was Sie tun wollen; tun Sie es, und vergessen Sie, was Sie nicht getan haben. Wenn es eingeplant ist, werden Sie es zu gegebener Zeit erledigen. Wenn es nicht eingeplant ist, dann ist es vielleicht nicht wichtig genug, um überhaupt getan zu werden.

Lernen Sie, auf freundliche Weise nein zu sagen. Eine der nützlichsten Eigenschaften, die ich in letzter Zeit entwickelt habe, ist die Fähigkeit, nein zu sagen. Ein Blick auf meinen Kalender genügt - und schon weiß ich, wann ich eine Verpflichtung annehmen kann und wann nicht. Ich habe es gelernt, sorgfältig zu planen. Das hat mir die Schuldgefühle genommen, die mich früher plagten, wenn ich nein sagte.

Sind Sie auf den Geschmack gekommen? Möchten Sie auch Ordnung in Ihre Zeiteinteilung bringen? Es gibt Hoffnung für jeden! Ein geistliches Tagebuch kann auch für Ihr Leben zu einem großen Segen werden. Haben Sie Geduld mit sich selbst. Geben Sie Gott Zeit zum Wirken, aber seien Sie ihrerseits auch seinem Willen für Ihr Leben gehorsam. Gehen Sie in kleinen Schritten vor. Die Lage, in der Sie sich gegenwärtig befinden, hat sich nicht von heute auf morgen entwickelt. Auch für die Lösung braucht es Zeit. Sie werden alte Gewohnheiten ändern müssen. Es kann Tage oder Wochen dauern, eine schlechte Gewohnheit aufzugeben und sie durch eine gute zu ersetzen. Bleiben Sie standhaft; halten Sie durch! Vor allem aber gilt auch für Sie: "Vertraue auf den HERRN mit deinem ganzen Herzen und stütze dich nicht auf deinen Verstand! Auf all deinen Wegen erkenne nur ihn, dann ebnet er selbst deine Pfade!" (Sprüche 3,5 6).

VI

Ohne Ziele ist eine Mutter verloren

Der Endspurt hatte begonnen. Nur noch drei Wochen bis zum Schulabschluß von Elisabeth, unserem dritten Kind. Eine Feier wurde geplant, Anzeigen und Einladungen wurden versandt, und ein Kleid mußte gekauft werden. Große Begeisterung und Vorfreude füllte unser Haus, als wir dieses bedeutende Ereignis vorbereiteten.

Meine Kinder standen in einiger Entfernung und beobachteten, wie ihre Mutter wieder mal ihre "Crazy Lady Routine" entwickelte. Sie schüttelten den Kopf, weil ich Kleiderschränke und Kommoden auseinandernahm, Vorhänge wusch und alle kaum zugänglichen Winkel unseres Hauses säuberte. John schüttelte den Kopf, als er sah, wie ich die Führungsschiene unserer Schiebetür mit einer Zahnbürste reinigte. So etwas Lächerliches hatte er noch nie gesehen. "Warum übertreibst du so?" fragte er mich. Meine Kinder schütteln gewöhnlich nur so lange den Kopf und belächeln mein verrücktes Gebaren, bis ich darauf bestehe, daß sie mithelfen. Schließlich habe ich drei kräftige Jungs, und ich kann mir ihre Stärke zunutze machen. Sie können Wände abwaschen, Malerarbeiten oder sonstige schwere Tätigkeiten verrichten. Ich nutze jede Minute ihrer Freizeit, um sie zu beteiligen. "Was soll das?" ist ihre Antwort, wenn ich sie zum Arbeiten abkommandiere. "Warum müssen wir wochenlang arbeiten, anstreichen, putzen und die Wohnung auf den Kopf stellen wegen einer Feier, die fünf Stunden dauert?" Für den Durchschnittsmann - vor allem für junge Burschen, die lieber etwas anderes täten - ist all dieser Wirbel absolut unnötig.

Angetrieben durch ein Ziel

Ist es nicht seltsam, daß uns eine so einfache Sache wie eine bevorstehende Feier dazu bewegen kann, Dinge zu tun, die wir seit Jahren hätten erledigen sollen? Wenn wir ein Ziel vor Augen haben, packt uns plötzlich der Eifer. Manche Frauen entwickeln schon bei kleinsten Anlässen - wenn zum Beispiel die Nachbarinnen zum

Kaffeetrinken eingeladen werden - eine regelrechte Putzsucht. Da werden auf einmal Ecken gesäubert, die man normalerweise umgeht. Warren sagt immer, wir brauchen jedes Jahr schon deshalb eine Feier, um einen Ansporn zu haben, all die Dinge zu erledigen, die sonst liegenbleiben würden.

Ist die menschliche Natur nicht sonderbar? Statt zu lernen, unsere täglichen Aufgaben vernünftig zu verteilen, schieben wir alles so lange auf, bis wir total unter Druck stehen. Ist Ihnen eigentlich klar, daß uns Gott auch in dieser Hinsicht kennt? Er weiß, daß wir nur dann volle Leistung bringen, wenn uns ein bestimmtes Ziel vor Augen steht. Wenn wir ein Ziel haben, malen wir uns das bevorstehende Ereignis bereits in Gedanken aus und stürzen uns in die Arbeit. Wir werden dazu veranlaßt, etwas zu tun, was außerhalb unserer täglichen Routine liegt. Es ist schwierig, auf etwas hinzuarbeiten, wenn man nicht weiß, was dieses Etwas ist.

Untersuchungen haben ergeben, daß besonders erfolgreiche Menschen drei hervorstechende Eigenschaften gemeinsam haben: sie haben eine Aufgabe, der sie sich hingeben; sie setzen sich kurzfristige, realistische Ziele; und sie haben positive Erwartungen.

Fragen Sie die Mutter einer Braut, wie sie die vielen Einzelheiten für die Hochzeit ihrer Tochter Monate im voraus geplant hat. Sie gibt sich einer Aufgabe hin, sie setzt sich realistische Ziele, und sie hat positive Erwartungen. Wäre es da nicht sinnvoll, mit unseren alltäglichen Pflichten auf die gleiche Weise zu verfahren?

Einer der Grundsätze des Zeitmanagements ist die Zielsetzung. Eine der wichtigsten Voraussetzungen für ein fruchtbares Leben als Christ ist es, ein Ziel vor Augen zu haben. Sprüche 29,18 drückt es so aus: "Wenn keine Offenbarung da ist, verwildert ein Volk". Peter Marshall sagt: "Nur allzu oft zielen wir auf das Nichts - und wir treffen es auch!" Alan Lakein war 1976 Präsident der einzigen Gesellschaft in Amerika, die sich ausschließlich mit Zeitmanagement beschäftigt. Er bemerkt dazu folgendes:

Die meisten Menschen denken nicht in Minuten. Sie verschwenden all ihre Minuten. Sie denken auch nicht im Hinblick auf ihr ganzes Leben. Sie bewegen sich im winzigen Bereich von Stunden und Tagen. Jede Woche fangen sie wieder von vorne an und verbringen eine Menge Zeit mit Dingen, die mit ihren Lebenszielen nichts zu tun haben. Sie wandern ziellos durchs Leben; sie bewegen sich fort, ohne jemals irgendwo anzukommen. (Zitiert von Jane O'Reilly im *New York Magazine* vom 17. Januar 1972).

Als ich den ersten Anstoß bekam, mir persönliche Ziele zu setzen, erschien mir das ganz unmöglich. Wie sollte ich ein Ziel für mein Leben festlegen, wenn ich mich schon jeden Tag damit herumschlug, was ich zum Abendessen kochen sollte? Ich war viel zu sehr mit dem Augenblick beschäftigt, um mir darüber Gedanken zu machen, wie mein Leben morgen oder gar in einem Jahr und darüber hinaus aussehen würde.

Zu viele Möglichkeiten!

Wozu all das Gerede über das Setzen von Zielen? Ist es für eine Frau wirklich so wichtig, klar abgesteckte Ziele zu haben? Früher hätte man ein solches Thema nicht einmal in den Mund genommen. Die Frauen hatten oft einen starr festgelegten Tagesablauf. Es war ein hauptsächlich von der Routine bestimmtes Leben, das sich vor allem um Haushalt und Familie drehte.

Wieviel sich doch in ein paar Jahrzehnten ändern kann! In unserer heutigen Gesellschaft wird die Frau förmlich überschüttet mit Möglichkeiten, sowohl innerhalb als auch außerhalb des häuslichen Bereiches. Jede neue Situation stellt sie vor neue Entscheidungen. Sie ist von Möglichkeiten umgeben, und sie kann es sich leisten, wählerisch zu sein. Aber mehr Möglichkeiten bringen auch mehr Enttäuschungen mit sich.

In den Jahren unseres Neuguinea-Aufenthaltes erfuhren wir, wie einfach das Leben sein kann. Alles war so einfach, weil unsere Möglichkeiten sehr eingeschränkt waren. Montags und donnerstags wurde immer gewaschen, dienstags gebacken und freitags wurden der Holzofen und der Petroleum-Kühlschrank gereinigt. Mittwochs traf ich Vorbereitungen für die Lastenträger, die zur Landepiste gehen mußten, um die Post und unsere wöchentliche Verpflegung abzuholen. Die Essenszeiten und unser täglicher Funkkontakt mit der Missionsstation zu genau festgelegten Zeiten sorgten für einen gleichmäßigen Tagesablauf. Wir gingen jeden Abend früh schlafen. Da es keine Lebensmittelgeschäfte gab, konnte ich nur per Post einkaufen; dadurch blieben mir quälende Entscheidungen erspart. Manchmal gefiel uns, was wir bekamen, und manchmal gefiel es uns nicht; aber wir konnten uns nicht beschweren, denn wir hatten keine andere Wahl.

Bei der Rückkehr in die Vereinigten Staaten bereitete mir die große Auswahl Schwierigkeiten. Ging ich in einen Supermarkt, so schwirrte mir der Kopf. In unserer Gesellschaft stehen uns so viele Möglichkeiten offen, daß wir uns unbedingt Ziele setzen müssen. Das wird uns helfen, die richtigen Entscheidungen zu treffen und kostbare Zeit und Kraft einzusparen.

Wenn bei Ihnen zu Hause alles gut laufen soll, braucht Ihr Leben Ordnung, eine gewisse Regelmäßigkeit und einen festen Plan. Sie müssen wissen, wohin Sie gehen und was zu tun ist, um dorthin zu gelangen. Wenn wir Ziele haben, fällt es uns leichter, Entscheidungen zu treffen. Wenn Sie sich ein Ziel setzen, können Sie Ihre Energie dafür verwenden, die Entscheidungen zu treffen, die Sie Ihrem Ziel näherbringen. Auf diese Weise werden Sie zu einem zielstrebigen Menschen.

Ich frage mich oft, wie es wäre, ohne Straßenkarte auf eine lange Reise zu gehen. Sicher ginge durch die vielen Um- und Irrwege wertvolle Zeit verloren. An zahlreichen Tankstellen müßten Sie anhalten und sich nach dem Weg erkundigen, und Ihre Mitfahrer würden dadurch unruhig und nervös werden.

Ebenso verhält es sich mit unserer Reise durchs Leben, wenn wir ziellos umherwandern und uns nie Zeit zum Planen nehmen. Wenn wir uns unterwegs verfahren, werden wir ärgerlich, und unsere Verzweiflung geht auch auf andere über.

Bevor wir uns weiter mit dem Thema "Zielsetzung" beschäftigen, sollten wir uns als Christen über eines im klaren sein: In allem, was wir tun, müssen wir uns dem Willen Gottes unterstellen. In Johannes 5,30 sagt Jesus: "Ich suche nicht meinen Willen, sondern den Willen dessen, der mich gesandt hat". Wir müssen uns bei allem, was wir uns vornehmen, von unserem himmlischen Vater leiten lassen. Jakobus erinnert uns daran:

> *... die ihr nicht wißt, wie es morgen um euer Leben stehen wird; denn ihr seid ein Dampf, der eine kleine Zeit sichtbar ist und dann verschwindet -; statt daß ihr sagt: Wenn der Herr will und wir leben, werden wir auch dieses oder jenes tun" (Jakobus 4,14 15).*

Ich muß mich ständig daran erinnern lassen, daß ich mein Leben dem Willen Gottes unterstellen soll, anstatt meinen eigenen Kopf durchzusetzen. Es ist wirklich sehr wichtig, daß wir den Herrn suchen und ihn um Führung bitten.

Wo fängt man an?

Eine guter Plan für Ihre Zielsetzung beginnt nicht mit einer Liste von Pflichten, sondern mit dem Überdenken Ihres bisherigen Lebens und Ihrer persönlichen Zielsetzung. Wenn Sie sich nicht darüber im klaren sind, was Sie definitiv erreichen wollen, kann es passieren, daß Sie Zeit und Energie für unwichtige Dinge verschwenden. Bei der persönlichen Zielsetzung geht es um Ihre Lebensziele, beruflichen Ziele, kurzfristigen Ziele und um Ihre Wochen- bzw. Tagesziele. Mit diesen vier Bereichen sind Ihre geistlichen, emotionellen, persönlichen und familiären Ziele eng verflochten.

Am schwierigsten ist der Anfang, er ist aber auch am wichtigsten. Wenn Sie beginnen, Ihre Ziele niederzuschreiben, sollten Sie sich auszumalen versuchen, wie das erreichte Ziel aussehen wird. Stellen Sie sich ein aufgeräumtes Zimmer oder Ihre Figur nach einer Abmagerungskur vor. Sehen Sie sich in Gedanken als Schriftstellerin oder als Studentin. Wenn Ihr Ziel darin besteht, für eine Urlaubsreise zu sparen, dann beschaffen Sie sich ein Bild vom ersehnten Urlaubsort und bringen Sie es an einer gut sichtbaren Stelle an.

Auch wenn Ihnen manche Ihrer Ziele unsinnig erscheinen mögen - schreiben Sie sie auf! Sie sagen damit Gott nichts Neues; er kennt die geheimen Wünsche Ihres Herzens. Wenn es unrechte Wünsche sind, wird er Ihnen bessere Wünsche eingeben, wenn Sie sich seinem Willen öffnen. Sein Wort verheißt ja, daß er uns geben wird, was unser Herz wünscht, wenn wir unsere Lust an ihm haben (Psalm 37,4).

Ziele für die nächsten fünf Jahre

Wenn es Ihnen zu schwierig erscheint, Ziele für Ihr ganzes Leben festzulegen, dann machen Sie sich eine Vorstellung davon, wie Ihr

Leben in den nächsten fünf Jahren aussehen wird. Vielleicht werden Sie die Möglichkeit haben, wieder die Schulbank zu drücken und den Abschluß nachzuholen, den Sie sich schon immer gewünscht hatten.

Wie sieht es mit Ihrem Mann aus? Freuen Sie sich darauf, daß Sie künftig mehr Zeit miteinander verbringen können? Wie steht es um Ihre Familie, um Ihre Kinder? Wollen sie studieren? Was sind Ihre Ziele als Mutter?

Ziele für das kommende Jahr

Wenn Sie sich weder Ziele für Ihr ganzes Leben noch für die nächsten fünf Jahre vorstellen können, dann machen Sie Pläne für das vor Ihnen liegende Jahr. Was möchten Sie zu Hause erreichen? Was wünschen Sie sich für Ihr Glaubensleben? Würden Sie in diesem Jahr gerne einmal die ganze Bibel durchlesen? Wünschen Sie sich ein treueres Gebetsleben? Wollen Sie an einem Bibelkursus teilnehmen? Möchten Sie Ihre Stille Zeit vor dem Herrn regelmäßig einhalten? Was muß in Ihrem Verhältnis zu Ihren Mitmenschen besser werden? Wollen Sie dem Herrn dienen? Gibt es eine Aufgabe in der Gemeinde, die Sie gerne übernehmen würden?

Wie sehen Ihre beruflichen Ziele aus? Wenn Sie nicht außer Haus arbeiten: gibt es etwas, was Sie gerne anfangen würden, wenn die Kinder in der Schule sind? Wenn Sie berufstätig sind: möchten Sie sich gerne fortbilden, auf etwas spezialisieren? Vielleicht wünschen Sie sich eine Beförderung oder eine Gehaltserhöhung. Gibt es Dinge, die Sie aufschreiben könnten, um diese Ziele leichter zu erreichen?

Ebenso wichtig ist es auch, daß Sie sich kurzfristige Ziele setzen und diese aufschreiben. Eines Ihrer Ziele mag darin bestehen, daß Sie innerhalb des nächsten Monats fünf Pfund abnehmen wollen. Vielleicht möchten Sie auch mit einem speziellen Fitnessprogramm beginnen, ein bestimmtes Zimmer neu tapezieren oder Ihren Kindern öfter mal was vorlesen.

Wochenziele

Wenn Ihnen weitreichende Planung auch noch so schwerfällt, eins bleibt Ihnen nicht erspart: die Wochen- und Tagesplanung. Gibt es besondere Aufgaben, die Sie in den kommenden Tagen in Ihren Zeitplan einbauen möchten? Solche Ziele könnten zum Beispiel sein: eine Torte für eine Freundin oder für ein Kind backen, zur Dauerwelle gehen oder eine bestimmte Handarbeit beginnen.

Ich hoffe, daß Sie sich inzwischen ein kleines Notizbuch gekauft haben, wie ich es im fünften Kapitel vorgeschlagen habe. In diesem Notizbuch sollten Sie einen ganzen Abschnitt für Ihre Ziele reservieren. Vielleicht schreiben Sie auf das Deckblatt Jakobus 4,15 oder einen anderen Bibelvers, der Sie daran erinnert, daß Gott es ist, der Ihr Leben lenkt.

Vermutlich werden Sie mehrere Tage brauchen, um Ihre Ziele zu überdenken und aufzuschreiben. Sie werden sie wahrscheinlich regelmäßig überprüfen müssen. Tragen Sie sie in der Reihenfolge ihrer Wichtigkeit in jede Sachgruppe ein. Es wird Ihnen nicht gelingen, alles zu erreichen; deshalb müssen Sie entscheiden, welche Ziele Ihnen am wichtigsten sind. Wenn Sie Ihre Ziele kennen, dann können Sie auch die Wichtigkeit der einzelnen Aufgaben beurteilen.

Wie sieht Ihr persönlicher Arbeitsstil aus?

Ziele aufzuschreiben, ist eine Sache, aber sie zu verfolgen, ist eine andere. Sie müssen Ihren eigenen ganz besonderen Arbeitsstil kennenlernen. Manche Menschen können sich immer nur einer Aufgabe gleichzeitig zuwenden, die sie dann gründlich erledigen. Wenn sie damit fertig sind, gehen sie zur nächsten Arbeit über. Andere brauchen mehrere Herausforderungen zur gleichen Zeit, andernfalls fühlen sie sich gelangweilt.

Aus Angst, nie genug Zeit für die Erledigung einer Aufgabe zu haben, fangen manche erst gar nicht damit an. Hier kann es hilfreich sein zu lernen, Arbeiten in Abschnitte zu unterteilen und sich jeweils im Zehn-Minuten-Schritt auf das gesteckte Ziel zuzubewegen. Hier ist eine Liste von Dingen, die in zehn Minuten zu schaffen sind:

- Waschbecken im Badezimmer reinigen
- Gymnastik treiben
- Eine Danksagung schreiben
- Den Tisch decken
- Eine Mahlzeit planen
- Ein Haustier füttern
- Die Blumen gießen
- Ein Kapitel in der Bibel lesen
- Ein Telefongespräch führen
- Die Waschmaschine füllen
- Die Wäsche zusammenlegen
- Den Kleinen eine Geschichte vorlesen
- Die Betten machen

Die innere Uhr

Lernen Sie Ihre innere Uhr kennen. Manche Leute kämpfen gegen ihre Natur, weil sie Zeitpläne entwickelt haben, die ihrer Meinung nach unabänderlich sind. Stellen Sie fest, ob Sie eine Lerche oder eine Eule sind, ein Frühaufsteher oder ein Nachtmensch. Das kann Ihnen helfen, wertvolle Zeit einzusparen. Wenn ich schreibe oder auf andere Weise geistig tätig bin, ist der frühe Morgen die Zeit, in der ich mich am ehesten konzentrieren kann und die besten Einfälle habe. Morgens um halb sechs herrscht noch Ruhe bei uns im Haus, das später widerhallt vom munteren Herumtoben unseres Vierjährigen und der vier älteren Kinder. Ich zwinge mich dazu, früh aufzustehen und diese Ruhe auszunützen. Routinearbeiten wie Hausputz, Besorgungen, Einkäufe und Wäschepflege spare ich mir für den Vormittag und den frühen Nachmittag auf.

Eine Frau, die ständig gegen ihre innere Uhr ankämpft, zwingt sich jeden Morgen frühzeitig aus dem Bett, obwohl sie vor 10 Uhr vormittags zu nichts zu gebrauchen ist, es sei denn nach drei Tassen starkem Kaffee und einer Dusche. Die gleiche Frau ist am Ende des Tages voller Tatendrang, wenn sie abends vor dem Fernseher sitzt, so daß sie kaum vor Mitternacht einschlafen kann. Sie muß selbst herausfinden, wann für sie die beste Zeit zum Arbeiten ist. Es gibt kein Gesetz, nach dem Hausarbeiten in den Vormittagsstunden zwischen 8 Uhr und 12 Uhr zu erledigen sind. Wenn Sie also nachmittags oder abends munterer sind, dann brauchen Sie keine Schuldgefühle zu haben, wenn Sie den größten Teil Ihrer Arbeit um diese Zeit erledigen!

Flauten

Als drittes sollten Sie bedenken, daß es Zeiten geben wird, in denen sie "Flauten" erleben werden. An diesen schlechten Tagen fehlt uns einfach der Antrieb oder die Lust zu irgendeiner Tätigkeit. Auf Grund unserer komplizierten körperlichen und hormonellen Gegebenheiten kommen solche Tage im Leben jeder Frau vor. Wir können lernen, sie vorauszuberechnen und entsprechend zu planen.

Während bestimmter Zeiten im Monatszyklus ist die Frau ein richtiges Energiebündel. Da gibt es nichts, was sie nicht tun könnte. Das ist die Zeit, in der sie sich entschließt, Kleiderschränke aufzuräumen, Fenster zu putzen, Wände abzuwaschen, eine Schlankheitskur zu beginnen oder eine seit langem aufgeschobene Sache in Angriff zu nehmen. Dann, aus einem unerklärlichen Grund, wird sie auf einmal verletzlich, müde, nachlässig und lustlos. Während dieser Zeit bringt sie nicht viel zustande; und zu dem Wenigen, was sie vollbringt, muß sie sich auch noch zwingen! Wissenschaftliche Untersuchungen befassen sich seit einiger Zeit mit der Frage, welcher Zusammenhang zwischen dem monatlichen Zyklus der Frau und den Zeiten ihrer höchsten Leistungsfähigkeit besteht. Oft sind unsere Hormone dafür verantwortlich, wie wir uns fühlen und was wir zu leisten imstande sind. Dr. James Dobson schreibt in seinem Buch *Straight Talk to Men and Their Wives* - Ein offenes Wort an Männer und ihre Ehefrauen - (Word Books):

"Es wurde zu Recht behauptet, daß die vier Wochen im Monatszyklus den vier Jahreszeiten entsprechen. Die erste Woche nach der Monatsblutung kann man als den Frühling des physiologischen Kalenders bezeichnen. Täglich werden neue Östrogene (weibliche Hormone) freigesetzt, und der Körper der Frau beginnt sich vom soeben überstandenen Winter zu erholen.

Die zweite Woche im Monatszyklus stellt den Sommer dar. Während dieser Zeit nimmt die Frau das Leben leicht, und sie hat mehr Selbstvertrauen als in jeder anderen Phase des Monats. Es ist die Zeit, in der Tatkraft, Begeisterung, Liebenswürdigkeit und

Selbstwertgefühl ihren Höhepunkt erreichen. Für diesen Optimismus ist unter anderem der Östrogenspiegel verantwortlich, der in der Zyklusmitte zur Zeit des Eisprungs am höchsten ist. Die Beziehung zwischen Mann und Frau ist während dieser Sommertage gewöhnlich am besten; denn auch der Geschlechtstrieb (und die Empfängnisfähigkeit) ist in dieser Zeit am stärksten ausgeprägt.

Leider muß jedoch auf jeden Sommer ein Herbst folgen. Der Östrogenspiegel sinkt beständig, während sich der Körper der Frau auf die nächste Monatsblutung einstellt. Ein zweites Hormon wird ausgeschüttet, das Progesteron, das die Wirkung des Östrogens dämpft und die bekannten Symptome prämenstrueller Spannung mit sich bringt. Es ist eine düstere Zeit im monatlichen Zyklus der Frau. Das Selbstwertgefühl schwindet von Tag zu Tag mehr; Depressionen und Pessimismus stellen sich ein. Das Gefühl der Aufgedunsenheit und Trägheit verursacht häufig nicht nur körperliche Beschwerden, sondern es kann auch dazu führen, daß sich die Frau während dieser Zeit einbildet, "häßlich" zu sein. Reizbarkeit und Aggressionen treten im Laufe der Woche immer deutlicher zutage und erreichen ihren Höhepunkt in den Tagen unmittelbar vor der Menstruation.

Dann kommt der Winter - die Zeit der Monatsblutung. Allmählich läßt die Bedrückung nach, und ein erquickender neuer Frühling steht bevor."

Erkennen Sie sich darin wieder? Gibt es Zeiten, in denen Sie mit Energie und Begeisterung etwas Neues anfangen und sich so richtig wohlfühlen? Dann auf einmal, ohne ersichtlichen Grund, sehen Sie alles grau in grau. Sie fühlen sich überfordert, und alles erscheint Ihnen unmöglich. Am besten, Sie warten ein paar Tage; das hilft im allgemeinen. Bald werden Sie wieder die alte sein.

Dr. Dobson betont, daß Selbsterkenntnis der Schlüssel zur Selbstannahme ist. Nur wenn wir unseren Körper verstehen, können wir harmonisch mit ihm zusammenarbeiten.

Finden Sie heraus, zu welcher Zeit des Monats Sie sich am wohlsten fühlen. Alles, was Sie dazu brauchen, ist ein Kalender. Halten Sie Ihre Stimmungen fest: Kennzeichnen Sie mit einem Rotstift die guten Tage - das sind die Tage, an denen Ihr Stimmungsbarometer am höchsten steht. Markieren Sie dann in Schwarz oder mit einer anderen Farbe die Tage, an denen Ihr Selbstwertgefühl gering ist und Sie sich träge und ohne jeden Antrieb fühlen. Tragen Sie die Zeit Ihrer Periode und Ihres Eisprungs ein. Sie werden staunen, welches Diagramm sich ergeben wird.

Seit ich diese Aufzeichnungen mache, verstehe ich, warum ich mich zu bestimmten Zeiten des Monats so und nicht anders fühle. Ich plane keine große Abendgesellschaft oder Einladung, wenn ich weiß, daß ich zu der betreffenden Zeit gerade ein schwieriges Tief durchmachen werde. Ich schöpfe meine energiereichen Tage voll aus und versuche, während dieser Zeit so viel wie möglich zu schaffen. An meinen flauen, lustlosen Tagen beschränke ich mich auf leichtere Arbeiten und suche mir Beschäftigungen, die mir helfen, diese Zeit besser durchzustehen. Das kann ein gemeinsames Mittagessen mit einer Freundin sein - wofür ich während meiner "guten Zeit", wenn mein Energiepegel hoch steht und ich wie eine Verrückte am Putzen bin, selten Zeit habe. Auch Briefeschreiben oder Telefongespräche können den Streß mildern und den Druck wegnehmen, unbedingt eine Menge erreichen zu müssen.

Wir alle wissen, daß es Dinge gibt, die getan werden müssen; egal wie wir uns fühlen. Es gibt nun einmal Zeiten, in denen wir etwas leisten müssen, selbst wenn uns nicht danach zumute ist. Auch in den Tagen vor unserer Periode können Kinder Geburtstag haben, Schwiegermütter zu Besuch kommen oder Schulabschlußfeiern stattfinden. Das Leben richtet sich nicht immer nach unseren Plänen; doch schon das Wissen um meine körperlichen Vorgänge hilft mir, solche Zeiten durchzustehen.

Lizzy hat vorige Woche ihr Abitur bestanden. Wir haben ein Fest gefeiert, das ein voller Erfolg wurde. Lizzy ist unsere einzige Tochter, und ich wollte, daß die Feier etwas ganz Besonderes wird. Das gelang mir auch. Ich hatte mir ein Ziel gesetzt und nahm meine ganze Kraft zusammen, um es zu erreichen. Das Haus sieht wunderschön aus mit all den neuen Tapeten und Vorhängen, und ich bin richtig stolz darauf. Alle halfen mit; wir hatten ein Ziel vor Augen, und die Mühe zahlte sich aus. Ich erwähne dies als kleines Beispiel dafür, was man durch Zielsetzung erreichen kann.

VII

Das Erste zuerst

In Gottes Schöpfungswerk herrscht Ordnung. Er schuf die Milliarden Planeten und ihre Milchstraßen so, daß sie in friedlicher Harmonie nebeneinander bestehen können. Der Meisterarchitekt wählte den Abstand zwischen Sonne und Erde so, daß wir weder verbrennen noch erfrieren können. Seine Ordnung für den Ablauf der Jahreszeiten und sein Entwurf des menschlichen Körpers sind Beispiele für die vollendete Harmonie der Schöpfung. Können Sie sich vorstellen, wie unsere Welt ohne diese göttliche Ordnung aussähe? Es würde totales Chaos herrschen, und am Ende stünde der Untergang.

Wie Gott für seine Welt eine Ordnung geschaffen hat, hat er auch seine Geschöpfe zur Ordnung bestimmt. Wenn wir uns gegen diese Ordnung auflehnen, entscheiden wir uns für ein Leben im Chaos. Wenn wir aber zulassen, daß Gottes Ordnung uns bestimmt, kehren Ruhe und Frieden ein, und die Verwirrung muß weichen. Anstatt wie bisher in erster Linie unseren Mitmenschen zu gefallen, streben wir nun nach dem Willen unseres himmlischen Vaters. Wir sparen Zeit und Kraft ein und bleiben bewahrt vor Enttäuschung.

Es gehört zu Gottes Plan für uns Menschen, daß wir ihn an die erste Stelle setzen (Matthäus 6,33). Danach kommt unsere Familie, und was auch immer wir außerhalb des Hauses tun. Ob wir ein gesegnetes christliches Leben führen, ist zum Teil davon abhängig, was für uns an erster Stelle steht. Wenn uns Selbstverwirklichung und eigene Wünsche am wichtigsten sind, dann ist es schlecht um uns bestellt. Unsere Entscheidungen, unser Verhalten in bestimmten Situationen, unser Umgang mit anderen Menschen - alles wird sich um uns selbst drehen. Jakobus zeigt auf, was geschieht, wenn wir uns von der eigenen Weisheit regieren lassen. "Denn wo Neid und Eigennutz ist, da ist Zerrüttung und jede schlechte Tat" (Jakobus 3,16).

Wer und was bestimmt Ihr Denken?

Die Welt fördert den Egoismus. Tag für Tag hören wir: "Tu was du willst. Sei dein eigener Herr. Du hast Rechte - nütze sie. Laß dich von niemandem herumkommandieren. Verteidige dich!" Gottes Wort hingegen lehrt uns: "Oder wißt ihr nicht ... daß ihr nicht euch selbst gehört? Denn ihr seid um einen Preis erkauft worden; verherrlicht nun Gott mit eurem Leib" (1. Korinther 6,19-20). Jesus befiehlt uns:

- uns selbst zu verleugnen (Matthäus 16,24; Markus 8,34; Lukas 9,23)
- uns nicht an die erste Stelle zu setzen, sondern an die letzte (Matthäus 19,30; 20,16)
- sanftmütig zu sein (Matthäus 5,5)
- demütig zu sein und uns nicht selbst zu erhöhen (Lukas 14,11; 18,14)
- Diener zu sein, um groß zu werden (Matthäus 20,26; Markus 10,43)
- zum Sterben bereit zu sein, um das Leben zu gewinnen (Johannes 12,24-25)

Welch eigenartige Forderungen! Die Regeln, nach denen festgelegt wird, was im Leben eines Christen wichtig ist und was nicht, laufen unserer menschlichen Natur völlig zuwider. Jesus möchte uns klarmachen, daß sein Weg die einzige Möglichkeit ist, ein reiches Leben zu führen. Gott ist ein Gott der Ordnung. Er möchte, daß sein göttliches Ordnungssystem, und nicht das unsrige, der Maßstab für unsere Entscheidungen ist.

Das Allerwichtigste für jeden Christen ist, Gott mehr zu lieben als alles andere: "Du sollst den Herrn, deinen Gott, lieben mit deinem ganzen Herzen und mit deiner ganzen Seele und mit deinem ganzen Verstand. Dies ist das größte und erste Gebot" (Matthäus 22,37).

Gott mehr lieben als alles andere: darauf kommt es an. Wenn Sie Ihren Beruf, Ihren Besitz, Ihre Familie oder Ihre guten Taten mehr lieben als Gott, dann bleibt Ihr Leben leer; es hat weder Sinn noch Ziel. Sie befriedigen Ihre fleischlichen Gelüste und leben nur für das Diesseits. Nirgendwo ist es so schwer, unser Christsein auszuleben, wie in der eigenen Familie. Immer wieder stellen wir uns quer und versuchen zu beweisen, daß wir einen besseren Plan für die Erziehung unserer Kinder haben als Gott. Wir meinen, wir hätten das Recht, in unserer Lage zu schreien und zu nörgeln, und erkennen nicht, daß Jesus stets eine bessere Lösung für uns bereithält.

Mutter sein heißt Dienerin sein. Aber Dienen ist heutzutage nicht mehr modern. Wenn unser Leben als Mutter und Christin fruchtbar sein soll, brauchen wir ein demütiges Herz, das anderen gerne dient und sie höher achtet als sich selbst. Das fällt uns nicht in den Schoß. Der Egoismus erhebt sein häßliches Haupt und sagt: Nein, *ICH* will bedient werden; *ICH* will geehrt werden; *ICH* will zufriedengestellt und anerkannt werden.

Mit Christus gekreuzigt

Wenn das Ich sterben soll, muß es ans Kreuz. Paulus beschreibt das in Galater 2,20 folgendermaßen:

> *Ich bin mit Christus gekreuzigt, und nicht mehr lebe ich, sondern Christus lebt in mir; was ich aber jetzt im Fleisch lebe, lebe ich im Glauben, und zwar im Glauben an den Sohn Gottes, der mich geliebt und sich selbst für mich hingegeben hat.*

Kreuzigung und Tod des Ichs vollziehen sich in vier Schritten: Trennung, Leiden, Tod und schließlich Auferstehung. Die Trennung von der Sünde findet statt, wenn wir uns unserer Schuld bewußt werden. Wenn das geschieht, können Sie gewiß sein, daß der Heilige Geist sein Werk in Ihnen begonnen hat.

Auf diese Sündenerkenntnis und den damit verbundenen Wunsch, mit der Sünde zu brechen, folgt als nächster Schritt unweigerlich - und nun hören Sie bitte gut zu - das Leiden. Die Trennung von der Sündc ist ein qualvoller Prozeß. Satan hat dafür gesorgt, daß uns das Sündigen Spaß macht. Etwas aufzugeben, was uns Vergnügen bereitet, ist niemals leicht. Francois de Salignac de La Mothe Fénelon, im 17. Jahrhundert Erzbischof von Cambrai (Frankreich), verfaßte eine Reihe von Briefen. Sie wurden später in modernes Englisch übertragen und unter dem Titel *Let Go* veröffentlicht. Nachfolgend beschreibt Fénelon, was es bedeutet, "mit Christus gestorben zu sein":

Alle unsere religiösen Kenntnisse oder Gefühle sind eine Selbsttäuschung, wenn sie nicht zu einer wahrhaftigen, beständigen Kreuzigung unseres Ichs führen. Es gibt tatsächlich kein Sterben ohne Leiden. Auch können wir nicht als wirklich tot gelten, solange noch Teile von uns am Leben sind. Dieser geistliche Tod der kein Unglück, sondern ein Segen ist, bereitet zweifellos Schmerzen. Er schneidet geschwind und tief in alle Bereiche unserer innersten Gedanken und Wünsche ein und offenbart unser wahres Gesicht. Der große Arzt, der uns völlig durchschaut, weiß genau, wo er das Messer ansetzen muß. Er beginnt, das aus uns herauszuschneiden, was wir am wenigsten aufzugeben bereit sind. Und wie weh das tut! Wir müssen jedoch bedenken, daß Schmerz nur da empfunden werden kann, wo Leben ist; und wo Leben ist, genau da wird der Tod gebraucht. Unser himmlischer Vater verschwendet keine Zeit an Bereiche, die bereits tot sind. Verstehen Sie mich nicht falsch: Er möchte, daß Sie Leben im Überfluß haben; das aber erhalten Sie nur, wenn Sie ihm erlauben, jenen Teil Ihres ichhaften Wesens fortzuschneiden, der noch immer hartnäckig am Leben festhält.

Der Tod des Ichs ist unerläßlich. Der vierte Schritt folgt unmittelbar danach: die Auferstehung zu einem neuen Leben. Der Heilige Geist entfernt nie etwas Unrechtes aus unserem Leben, ohne es durch etwas Rechtes zu ersetzen. Wenn Jesus in unserem Leben den ersten Platz einnimmt, kehrt seine Ordnung ein. Wo vorher der geistliche Tod herrschte, entsteht jetzt geistliches Leben. Aus Schmerz und Verzweiflung erwachsen Heil und Hoffnung. Wer Jesus Herr über sein Leben sein läßt, wird unendlichen Segen erfahren.

Niemand kann aus eigener Kraft sein Ich kreuzigen, ja, wir verspüren noch nicht einmal den Wunsch danach. Es ist der Heilige Geist, der solche Wünsche in uns bewirkt. Dem Herrn sei Dank dafür! Ich bin schwach, aber er ist stark.

Perfekte Mütter gibt es nicht

Wir müssen uns klarmachen, daß es weder perfekte Mütter noch perfekte Kinder gibt. Wir alle sind angewiesen auf die Gnade und Barmherzigkeit unseres Gottes. Auch unsere Kinder wurden nur durch seine Gnade zu dem, was sie heute sind. Gottes unendliche Barmherzigkeit und seine Vergebungsbereitschaft haben uns in schweren Zeiten hindurchgetragen. Nur allzu oft hatten wir Angst vor der Zukunft, weil uns die Vergangenheit belastete. Wir sollten bedenken, daß Gott ein liebender, vergebender Gott ist - ein Gott, der uns die Jahre zurückerstattet, die "die Heuschrecken ... gefressen haben" (Joel 2,25). Alles, was er von uns will, ist ein reumütiges Herz, das zu ihm sagt: "Ja, Herr, ich habe dich in meinem Leben nicht immer an die erste Stelle gesetzt. Meine eigensüchtigen Wünsche haben mich daran gehindert, als Mutter so zu sein, wie es deinem Wunsch entspricht. Es tut mir leid. Ich habe mein Leben für mich gelebt und nicht für dich. Mache jetzt etwas Schönes aus dem Rest meines Lebens. Ich unterstelle mich deiner Führung und deiner Herrschaft." Jesus wird Ihnen die verlorenen Jahre zurückerstatten.

Virginia Satir beschreibt in ihrem Buch *Peoplemaking* (Wie erziehe ich Kinder zu Persönlichkeiten? - Science and Behavior Books, Inc.), wie schwer es ist, Mutter zu sein.

> *Eltern unterrichten in der schwersten Schule der Welt - in der Schule für Persönlichkeitsbildung ... Es gibt kaum Ausbildungsstätten für ihren Beruf und keinen allgemeingültigen, festen Lehrplan. Sie müssen ihn selbst erstellen. In ihrer Schule gibt es keine freien Tage, keine Ferien, keinen Berufsverband, keine automatische Beförderung oder Gehaltserhöhung. Sie sind 24 Stunden am Tag im Dienst, oder zumindest dienstbereit - 365 Tage im Jahr, mindestens 18 Jahre lang für jedes Kind, das sie haben... Meiner Ansicht nach ist das der härteste, schwierigste, sorgenreichste und anstrengendste Beruf der Welt. Er erfordert ein Höchstmaß an Geduld, Verständnis, Einsatz, Humor, Taktgefühl, Liebe, Weisheit, Beobachtungsgabe und Wissen. Gleichzeitig bietet er die Möglichkeit zur lohnendsten, frohmachendsten Erfahrung eines ganzen Lebens (S. 197).*

Was für eine zutreffende Schilderung! Ohne vorherige Ausbildung versuchen wir eine fast unmögliche Aufgabe zu erfüllen, nämlich Kinder zu erziehen. Erschwerend kommt hinzu, daß wir uns oft abmühen, alles auf unsere Weise zu tun, anstatt den Herrn um Rat zu fragen. Wen wundert es da, daß wir so viele Fehler machen?

"Übungsfeld" Neuguinea

Wie oft denken Warren und ich an die Zeit zurück, als wir unter dem Volk der Ipili im westlichen Hochland von Neuguinea lebten. In jenen Jahren wurde mir die Freiheit geschenkt, die Mutter zu sein, die mich mein Herz zu sein gelehrt hatte.

Mit vier kleinen Kindern weitab von jeglicher ärztlichen Versorgung zu leben, bereitete uns oft große Sorgen. Wenn ich am späten Nachmittag am Küchenfenster stand und beobachtete, wie sich die Landepiste langsam in Wolken hüllte, lief mir ein Schauer über den Rücken. Ich wußte, solange der Landestreifen meinen Blicken verhüllt war, würde hier niemals ein Flugzeug landen können. Was wäre, wenn eines meiner Kinder oder Warren ernsthaft erkranken würden und schnelle ärztliche Hilfe brauchten? Solange die Landepiste unzugänglich war, wäre es unmöglich, sie in ein Krankenhaus zu schaffen. Diese Gedanken gingen mir immer wieder durch den Kopf. Die Erinnerung an die Kämpfe, die wir auszustehen hatten, als Einsamkeit, Verzweiflung, Bedrückung und Krankheit uns ins Gebet trieben, steht mir noch heute vor Augen.

Als wir 1967 in Neuguinea ankamen, waren Warren und ich wie zwei kleine Kinder, die ausgezogen waren, die Welt zu verändern. Wer von uns hätte gedacht, daß Gott beabsichtigen könnte, uns zu verändern! Wir ahnten nicht, daß das christliche Leben so viele leidvolle Erfahrungen mit sich bringen würde, und daß der Herr unseren Neuguinea-Aufenthalt dazu gebrauchen würde, uns nach seinem Willen umzuformen.

Was mich an der völligen Hingabe hinderte, waren Furcht und mangelndes Vertrauen in einen Gott, der für mich Gedanken des Friedens hegte und nicht des Leides (Jeremia 29,11). Weil ich nicht bereit war, mich Jesus ganz hinzugeben, fehlte mir die wunderbare Gemeinschaft mit ihm, und ich erfuhr nicht seine Herrschaft in meinem Leben. Aus meiner Hoffnungslosigkeit gab es nur einen

einzigen Ausweg: Jesus Christus. Er wollte mir helfen - aber wollte ich mir wirklich helfen lassen?
Die Berge von Neuguinea waren für uns wie eine Muschel, in der sich eine Perle verbirgt. Unter der rauhen Schale begegneten wir inmitten widriger Lebensumstände der Liebe unseres Gottes, die uns so zärtlich umgibt. Jede schwierige Situation lehrte uns, das eigene Ich zurückzustellen. Jesus wollte den ersten Platz in unserem Leben einnehmen.

Jeanne - eine Herausforderung

Eine Zeitlang versuchte ich, zu Gott eine gewisse Distanz zu halten. So sehr mich auch die Liebe zu Gott dazu trieb, ihm zu dienen, ließ ich mich doch durch die Sorgen um weltliche Dinge und die Gelüste meines Fleisches davon abhalten. Ich war eine vielbeschäftigte Mutter, die mit vier Kleinkindern in einer primitiven Umgebung lebte. Ich kam nie zur Ruhe; ständig redete ich mir ein, für eine innige Beziehung zu Jesus keine Zeit zu haben. Gott gab sich damit nicht zufrieden. Er wollte, daß ich begriff, daß er mein bester Freund, aber auch mein Herr und Meister sein wollte. Ich sollte seine Liebe und vor allem seinen Frieden erfahren, deshalb sandte er Menschen zu mir, von denen ich lernen konnte.

Jeanne war ein zartes Persönchen. Sie war nur knapp über 1,50 m groß, wog kaum 50 kg und machte einen ausgesprochen zerbrechlichen Eindruck. Doch der Schein trog. Diese zierliche Frau wurde, ohne es zu ahnen, zu einem mächtigen Werkzeug der Liebe Gottes, die mein Leben veränderte.

Zuerst mochte ich sie gar nicht. Sie war eine Bedrohung für mein Glaubensleben. Da ich aus einem streng konservativen, traditionell geprägten, religiösen Elternhaus stamme, schreckte ich vor Leuten zurück, die einer anderen Glaubensrichtung angehörten. Sie drückte ihren Glauben auf eine Weise aus, die mir völlig fremd war. Die freie Art, in der sie den Herrn lobte, ihre Bibelkenntnis und ihre Gebetstreue verunsicherten mich.

Aus irgendeinem Grund fand Jeanne Gefallen an mir. Vielleicht war es ihr dienendes Herz, das sich ausstrecken und mir helfen wollte, mit meinen vier Kleinen zurechtzukommen. Da sie selbst Mutter von vier Kindern war, verstand sie meine Lage. Vielleicht ahnte ihre empfindsame Seele auch etwas von der inneren Verwirrung, in der ich mich damals befand. Sie wußte, daß ich sehr religiös war, fühlte aber, daß mir die persönliche Beziehung zu Jesus noch fehlte. Rückblickend weiß ich heute, daß der Heilige Geist ihr diese Dinge offenbart hatte.

Obwohl ich mich bemühte, ihr auszuweichen, suchte sie meine Nähe. Bei Missionarstreffen und Konferenzen war sie stets an meiner Seite. Sie half mir bereitwillig, die Kinder zu versorgen, und oft durfte unsere ganze Familie bei ihr übernachten. Ich fühlte, daß sie in mir eine besondere Aufgabe sah. Die vielen langen Briefe, die sie mir schrieb, in denen sie mich ständig ermunterte, dem Herrn zu vertrauen; ihre Beteuerungen, wie oft sie unserer Familie im Gebet gedenke, um Gottes Segen und Schutz für uns zu erbitten, und die unzähligen christlichen Bücher, die sie mir zum Lesen sandte - all das verwirrte mich. Warum war sie nur so freundlich und aufmerksam? Warum ausgerechnet zu mir? Ich hatte wirklich nicht das Gefühl, so viel Ermutigung zu brauchen. In ihrer Nähe fühlte ich mich geistlich minderwertig. Nie zuvor war mir jemand begegnet, der die Liebe zu Jesus in Wort und Tat so deutlich zum Ausdruck gebracht hatte wie diese Frau, und das beunruhigte mich sehr. Schließlich beruhigte ich mich mit dem Vorwand, sie sei eine Schwärmerin, und redete mir ein, was sie praktizierte, sei kein normales Christentum.

Je mehr Zeit ich mit Jeanne verbrachte, desto weniger vermochte ich zu leugnen, daß sie etwas Besonderes an sich hatte. Ihre stille Zuversicht, ihre echte Liebe zu den Mitmenschen und ihre Hilfsbereitschaft waren unübersehbar. Stets war sie zur Stelle und bereit, liebevoll einzuspringen. Durch sie wurde mir bewußt, wie sehr mich Gott liebte.

Oft versuchte sie, mich zur Teilnahme an christlichen Veranstaltungen, Bibelstunden oder Freizeiten zu bewegen. Einmal kam sie auf den Gedanken, es sei gut, für die Frauen aller Missionare auf Außenstation - zu denen auch ich gehörte - selbst eine Freizeit zu organisieren. Wie sehr sträubte ich mich gegen ihre Einladung! Auf keinen Fall wollte ich mich in eine derart verletzliche Position bringen. Diese Frauen würden merken, wie es um mich stand. Sie lasen alle in der Bibel und beteten regelmäßig; ich tat das nicht. Sie waren alle sehr fromm; ich war es nicht. Bis dahin hatte ich viele meiner geistlichen Unzulänglichkeiten überspielt. Ich wollte nicht durchschaut werden. Ich gebrauchte jede erdenkliche Ausrede, aber Jeanne ließ sie einfach nicht gelten.

Gebetserhörungen

Es gab nur einen Weg, diese Freizeit zu umgehen, aber dennoch mein Gesicht zu wahren: es mußte so sehr regnen, daß die Landepiste nicht zu gebrauchen war. Dann würde ich auch kein Flugzeug finden, das mich aus der Pogera herausbrächte. Ich war ja sonst keine eifrige Beterin, aber nun begann ich inständig zu beten: "Herr, bitte laß es so sehr regnen, daß ich unmöglich zu der Freizeit kommen kann." Ich wußte, daß das ein eigennütziges Gebet war, aber es war meine letzte Zuflucht.

Zu meinem Erstaunen begann es dann auch tatsächlich zu regnen. Die Straßen waren überschwemmt, und es war wirklich unmöglich, mit dem Jeep voranzukommen. Es sah aus, als könne die Freizeit nicht stattfinden. Über Sprechfunk hielt man uns auf dem laufenden. Hörte der Regen bis Mittwoch nicht auf und wären die Straßen nicht wiederhergestellt, müsse die Freizeit abgesagt werden, hieß es. *Toll! Beten lohnt sich also doch*, dachte ich bei mir. Ich wußte nicht, daß eine Gruppe von Frauen um das genaue Gegenteil betete - und Gott erhörte ihr Gebet - nicht meins!

Am Freitagmorgen machte ich mich mit unserem jüngsten Sohn John auf den langen, vierstündigen Weg zur Landepiste. Ich bestieg eine kleine Cessna, die mich zu meiner ersten Freizeit bringen sollte. Ängstlich und ohne zu wissen, was mich erwartete, betrat ich einen Raum, in dem sich 25 andere Frauen befanden. Ich war froh, daß ich Johnny im Arm halten durfte. Er war wenigstens etwas, woran ich mich klammern konnte, um meine Unsicherheit zu überspielen.

Als Jeanne mich erblickte, strahlte sie vor Freude. Ich bin sicher, daß ich die Antwort auf eines ihrer Gebete war. Gott hatte es wirklich geschafft. Ich war da! Sie wußte wohl kaum, wie sehr ich darum gebetet hatte, nicht kommen zu müssen. Aber sie ahnte meine Furcht und umarmte mich herzlich. Fast im gleichen Augenblick fühlte ich, wie Gottes Liebe und Frieden den Raum erfüllten.

Bis zum heutigen Tag danke ich ihm, daß er mein eigennütziges

Gebet nicht erhört hat. Satan wußte, welche Auswirkungen diese Freizeit auf meine Beziehung zu Jesus haben sollte. Er tat alles, um das zu verhindern.

An jenem Abend, als wir uns zum Gebet versammelten (es war das erste Mal, daß ich eine Gebetsgemeinschaft mit Menschen erlebte, die ich nicht kannte), erfuhr ich die Gegenwart Jesu. Es war, als sei er ganz allein mit mir im Zimmer. An jenem Wochenende arbeitete der Heilige Geist gewaltig an mir. Die Mauern, die mich umgeben hatten, stürzten vor dem Herrn zusammen. Ich wurde verändert. Ich kehrte zu meiner ersten Liebe zurück: zu Jesus Christus.

Ich strahlte eine solche Freude aus, daß es auch Warren bemerkte, als ich nach Hause kam. Ich war voll der beruhigenden Gewißheit, von Gottes Liebe und Frieden umfangen zu sein.

Im Laufe der Jahre habe ich Jeanne schätzen und lieben gelernt. Ich bezeichne sie jetzt als meine "geistliche Mutter", die die Geduld hatte, bei mir zu bleiben und trotz meines Widerstandes in Liebe auszuharren. Der Heilige Geist hatte sie in großartiger Weise gebraucht.

Ich lasse Sie an dieser Erfahrung teilhaben, damit Sie verstehen, daß auch ich Schwierigkeiten in meiner Beziehung zu Jesus hatte und daß es nicht immer leicht war - vor allem als die Kinder noch klein waren -, ihn in meinem Leben an die erste Stelle zu setzen. Ich weiß, wie es ist, mit Gott in höchste Höhen aufzusteigen, aber ich weiß auch, wie man sich im Abgrund der Verzweiflung fühlt. Das Leben eines Christen ist voller Herausforderungen. Gerade dann, wenn ich meine, alles sei in schönster Ordnung, legt mir Gott immer wieder einen Stein in den Weg - eine Gelegenheit, durch seinen Geist zu lernen und im Glauben zu wachsen.

Bestimmt wird es auch in Ihrem Leben Menschen wie Jeanne geben. Sie können zu einer Herausforderung für Ihr geistliches Leben werden und Sie vielleicht verunsichern. In Ihren Augen mögen es Schwärmer sein, aber in Wirklichkeit haben Sie es vielleicht bitter nötig, dem Herrn ein Stück näherzukommen.

Ohne eine persönliche Beziehung zu Jesus Christus können Sie nichts tun, was von bleibendem Wert ist. Sie werden nicht die Frau oder Mutter sein, die Sie nach seinem Willen sein sollten. Sie nutzen Ihre Zeit nicht richtig und sammeln sich "vergängliche

Schätze auf Erden" (Matthäus 6,19-21). Jesus möchte in Ihrem Leben an erster Stelle stehen. Ihre Beziehung zu ihm muß Ihnen über alles gehen. Wenn er diesen Ehrenplatz nicht einnimmt, ist all Ihr Tun vergeblich - eine bloße Zeitvergeudung.

Die Herrlichkeit Gottes widerspiegeln

Ich bin mit Augustin der Meinung, daß der Christ "ein Halleluja von Kopf bis Fuß" sein soll. Wir können uns nicht anmaßen, von Natur aus so zu sein. Es ist etwas, das sich in den stillen Zeiten vollzieht, die wir mit dem Herrn verbringen. Es geschieht, wenn wir in seine Gegenwart kommen. Je mehr Zeit wir mit Jesus alleine verbringen, desto ähnlicher werden wir ihm.

Als Mose auf den Berg Sinai stieg, um das Gesetz des Herrn zu empfangen, verbrachte er vierzig Tage und vierzig Nächte auf dem Berg in der Gegenwart des Herrn. In 2. Mose 33,18-23 wird berichtet, wie Mose unbedingt die Herrlichkeit Gottes sehen wollte. Der Herr sagte, Mose könne es nicht ertragen, in das Angesicht Gottes zu blicken, aber er werde ihn in eine Felshöhle stellen und seine Herrlichkeit werde an ihm vorüberziehen. Mose durfte Gott nur von hinten sehen; er sah nur einen kleinen Teil seiner Herrlichkeit. Als Mose vom Berg herabstieg, leuchtete sein Gesicht so hell, daß ihm die Söhne Israel nicht ins Auge sehen konnten (2. Mose 34,29-30).

Wenn wir anderen gegenüber die Herrlichkeit des Herrn widerspiegeln wollen, müssen wir mit ihm Zeit auf dem Berg verbringen. "Wir alle aber schauen mit aufgedecktem Angesicht die Herrlichkeit des Herrn an und werden so verwandelt in dasselbe Bild von Herrlichkeit zu Herrlichkeit, wie es vom Herrn, dem Geist, geschieht" (2. Korinther 3,18).

Es war die Herrlichkeit Jesu, die ich aus Jeannes Gesicht strahlen sah. Wie Aaron und die Söhne Israel, die nur am Fuße des Berges standen, konnte ich sie nicht erfassen. Ich mußte bereit sein, auf den Berg zu steigen und Gott persönlich zu begegnen. Niemand konnte das für mich tun. Ganz gleich, wie religiös ich war oder wie viele Jahre christlicher Erziehung ich genossen hatte - es konnte erst etwas geschehen, als ich Gott persönlich in der Person Jesu Christi begegnete. Solange ich einen gewissen Abstand zu ihm wahrte, konnte ich keine persönliche Beziehung mit ihm erleben.

Jesus lud mich täglich ein, zu ihm zu kommen: "Siehe, ich stehe vor der Tür und klopfe an; wenn jemand meine Stimme hört und die Tür öffnet, zu dem werde ich hineingehen und mit ihm essen, und er mit mir" (Offenbarung 3,20).

Er sehnt sich danach, daß wir mit ihm in wunderbarer, ungetrübter Gemeinschaft Zeit verbringen. Er ist immer für uns da. Er wartet auf uns. Wir sind diejenigen, die keine Zeit haben.

Wenn Jesus in Ihrem Leben die erste Stelle einnimmt, wird er Ihnen den Wunsch ins Herz legen, sich täglich Zeit für die Stille vor ihm zu nehmen. Sie werden ihn dann immer besser kennenlernen, und Ihre Gemeinschaft mit ihm wird immer inniger werden. Auf diese Weise werden Sie jeden Tag neu seine Gegenwart in Ihrem Leben erfahren.

Wünschen Sie sich ein Leben, das sich lohnt? Möchten Sie die beste Mutter sein, die Sie sich vorstellen können? Das kann nur geschehen,wenn Sie Gott persönlich begegnen. Er muß das Allerwichtigste für Sie werden. Wenn Sie Ihre Sündhaftigkeit erkennen, seine Vergebung annehmen und ihn als den Sohn Gottes, als Ihren Herrn und Heiland bekennen, dann beginnt für Sie ein neues Leben - ein Leben, in dem der Heilige Geist regiert. Sie werden nicht länger den Wunsch haben, sich von Ihren eigenen Lüsten oder denen der Welt regieren zu lassen. Vielmehr wird es dann Ihr Bestreben, so zu leben und zu handeln, wie Jesus es tun würde.

Der Aufstieg auf den Berg mag schwer sein; aber wenn wir durchhalten, wird es sich auf jeden Bereich unseres Lebens auswirken. Die Zeit, die wir mit Jesus auf dem Berg verbringen, befähigt uns, den ganzen Tag, in allem, was wir tun, seine Herrlichkeit widerzuspiegeln.

VIII

Die Stille Zeit

In den letzten Monaten unserer Missionstätigkeit in Neuguinea lebten wir zusammen mit mehreren anderen Familien auf einer Station, die sich Pausa nannte. Da sie in der Nähe unseres Missionshospitals lag, übernachteten viele Missionare bei uns, wenn sie in ärztlicher Behandlung waren.

Karen lebte ein Schlammloch weit von uns entfernt. Sie war mit einem Missionar verheiratet, der als Lehrer tätig war, und Mutter von zwei äußerst lebhaften Kleinkindern. Stets war sie als erste zur Stelle, wenn Hilfe nötig war. So wurde ihr Heim zu einer Zufluchtsstätte für Missionarsfamilien, die eine Unterkunft suchten. Sie war sehr gastfreundlich und öffnete ihr Heim bereitwillig für Fremde.

Ich hatte längst nicht so gerne Besuch wie Karen. Gäste brachten immer eine Menge zusätzlicher Arbeit mit sich. Die Bettwäsche mußte gewechselt und gewaschen werden, und das war eine schwierige Prozedur. Ich mußte früh aufstehen, um das Wasser zu erhitzen, sie in einer altmodischen Waschmaschine waschen und sie dann in Windeseile zum Trocknen aufhängen, um dem Regen zu entkommen, der jeden Nachmittag niederprasselte. Gäste machten auch mehr Aufwand in der Küche nötig. Ich verbrachte viele Stunden an einem heißen Holzofen beim Brotbacken oder beim Herstellen anderer Nahrungsmittel für den täglichen Verbrauch.

Was hatte Karen, das ich nicht hatte? Wie schaffte sie das alles mit solch einer fröhlichen Laune, und warum wohnten die Leute so gerne bei ihr?

Die Antwort auf diese Fragen bekam ich, als ich mich auf eine Konferenz vorbereitete, die auf unserer Station für die Missionare der Außenstationen gehalten werden sollte. Jede Familie sollte eine Gastfamilie bei sich aufnehmen. Ich lief wie wild umher und bemühte mich, alles pünktlich zu schaffen. Dabei murrte und jammerte ich wie üblich über die viele Arbeit. Mitten beim Kuchenbakken bemerkte ich, daß ich kein Backpulver mehr hatte. Da es keine Geschäfte gab, blieb nur der Weg zu Karen übrig. Sie war immer auf alles vorbereitet.

Mit Johnny auf den Schultern lief ich vorsichtig um das

Schlammloch herum bis zu Karens Wohnung, aber sie war nicht da. In ein paar Stunden erwartete sie Gäste, genau wie ich. Wie konnte sie sich da erlauben, von zu Hause fortzugehen? Ihr Hausjunge teilte mir mit, "die gnädige Frau" habe ihre Bibel genommen und sei spazierengegangen. "Keine vernünftige Frau macht so etwas", dachte ich.

Da ich sie unbedingt finden wollte, ging ich den schmalen Weg entlang, der von ihrem Haus wegführte. Kurz darauf fand ich sie. Sie saß auf einem Felsblock, betete und las in ihrer Bibel. "Was machst du denn?" war meine erste Frage. "Gleich kommen deine Gäste, und du sitzt in aller Seelenruhe hier und liest!" Karen sah mich an und lachte. "Wenn ich mit dem Herrn allein bin, bereite ich mich darauf vor, als Gastgeberin so zu sein, wie Jesus mich haben möchte. Mein Heim soll von seiner Liebe erfüllt sein. Die Arbeit werde ich schon schaffen. Ich lasse mich einfach nicht aus der Ruhe bringen."

Es stimmte. Karen schaffte ihr Pensum. Ihr Heim sah immer gepflegt und schön aus, und sie war auf der Station als eine der besten Köchinnen bekannt. Karen hatte das Geheimnis des Gleichgewichts zwischen Arbeit und Stille erfaßt und richtete sich danach. Je mehr sie zu tun hatte, desto mehr Zeit verbrachte sie in der Stille vor Gott.

Für mich war Karen eine moderne Maria, die inmitten aller Geschäftigkeit "das gute Teil erwählt" hatte (Lukas 10,38-42). Sie war bereit, ihre Arbeit zu unterbrechen, um auf die Stimme Jesu zu hören. Ich war damals die Martha, und Jesus sprach zu mir: "Elise, Elise! Du sorgst dich um viele Dinge und machst dir viel vergebliche Unruhe; eins aber ist not. Karen hat das gute Teil erwählt, das nicht von ihr genommen werden wird."

Zu beschäftigt, um innezuhalten

Die "Martha" steckt mehr oder weniger in jedem von uns. Wenn wir unter Zeitdruck stehen, meinen wir, die Stille vor Gott sei Zeitverschwendung. Es gibt ja so viel zu tun. Wenn wir das Geschirr eine Viertelstunde länger in der Spüle stehen lassen und die Nähe Jesu suchen, haben wir Schuldgefühle. Wir sorgen uns darum, was die anderen von uns denken könnten, vor allem unsere Nachbarn,

Verwandten und Freunde. Was wäre, wenn sie plötzlich zu Besuch kämen und unsere Wohnung wäre in Unordnung? Hielten sie uns dann etwa für schlampig und faul? Um das zu vermeiden, starten wir morgens gleich mit der Arbeit. Unsere Stille Zeit wird auf später verschoben, aber dieses "später" kommt nie. Statt dessen fallen wir am Abend müde ins Bett und versprechen Gott, daß morgen alles anders werden soll.

Ich muß gestehen, daß die "Martha" in mir öfter in Erscheinung tritt, als mir lieb ist. Aber ich entdecke auch viel von Maria in mir. Diese Sehnsucht nach dem Alleinsein mit Jesus ist eine Frucht des Heiligen Geistes. Täglich klopft er bei mir an und bewegt mich dazu, meine Arbeit beiseitezulegen, um auf seine Stimme zu hören. Er möchte, daß ich mich den Segnungen öffne, die aus der Gemeinschaft mit ihm erwachsen.

Nach meinem ersten Freizeiterlebnis in Neuguinea hatte ich das Bedürfnis, Jesus näher kennenzulernen. Ich wußte nicht, wie das geschehen sollte und was ich dazu tun mußte, aber der Wunsch war da. Wenn wir uns etwas wünschen für unser Glaubensleben, wird der Heilige Geist stets dafür sorgen, daß sich diese Wünsche in unserem Leben verwirklichen.

Eines Tages forderte mich Jeanne heraus. In ihrer offenen Art fragte sie mich ganz unverblümt: "Elise, nimmst du dir auch Zeit für Gottes Wort? Du mußt Gott Gelegenheit geben, dich so zuzurüsten, wie er dich haben möchte."

Meine erste Antwort war ziemlich ungehalten: "Wie kann ich Zeit finden zum Bibellesen, wenn ich ständig vier kleine Kinder um mich habe? Aber das verstehst du natürlich nicht!" Sie verstand mich besser, als ich dachte; aber in ihrer freundlichen Art antwortete sie nur: "Also wenn du meinst, du hast keine Zeit, dann bitte doch Gott, daß er dir mehr Zeit gibt!"

Das klang sehr einfach. Ob Jeanne wirklich begriff, wie müde ich war? Wußte sie, wie sehr ich mich auf die Nachmittage und auf die Stunden freute, in denen die Kinder schliefen? Ihre Kinder waren älter. Hatte sie vergessen, wie schwierig es ist, Fußböden zu scheuern, wenn einem acht kleine Händchen dabei helfen wollen? Wenn die Kinder schliefen, fand ich endlich Zeit, mich auszuruhen oder ohne ständige Unterbrechungen zu arbeiten. Wußte sie nicht, wieviel mir diese Zeit bedeutete, die ich für mich alleine hatte?

Tief im Herzen wußte ich, daß Jeanne recht hatte. Als Christ sollte man in der Bibel lesen und beten. Meine schöne Konfirmationsbibel mit Ledereinband und Goldschnitt - für mich einstmals eine kleine Kostbarkeit - stand jetzt im Arbeitszimmer meines Mannes irgendwo als Staubfänger im Regal. Ich mußte mich entscheiden. Entweder raffte ich mich jetzt auf und begann mit dem Bibellesen, oder ich ließ das Buch als eins unter vielen unbeachtet an seinem Platz.

In Ihm bleiben

An jenem Tag stellte ich Gott auf die Probe. Ich forderte ihn auf, etwas zu tun, was ich für unmöglich hielt. "Also gut, Herr. Wenn du willst, daß ich anfange, dein Wort zu lesen, dann mußt du mir auch die Zeit dazu geben." Kurz nachdem ich so gebetet hatte, geschah etwas Sonderbares. Ab ein Uhr hielten die Kinder gewöhnlich ihren Mittagsschlaf. Das waren für mich zwei Stunden ununterbrochener Ruhe, die mir viel bedeuteten. Endlich eine Weile keine Streitereien, keine laufenden Nasen, keine vollen Windeln und keine hungrigen Mäulchen!

Eines Nachmittags, als die Kinder schliefen, machte ich mich sogleich daran, den Fußboden zu wischen. Plötzlich fühlte ich mich gedrängt, mit der Arbeit aufzuhören. Ich ging aber nicht darauf ein und schrubbte weiter. Am nächsten Tag geschah dasselbe. Beim dritten Mal gab ich schließlich dem Drängen des Heiligen Geistes nach. Ich nahm meine Bibel aus dem Regal, staubte sie ab und begann darin zu lesen. Mein Blick fiel auf Johannes 15,4-5:

> *Bleibt in mir und ich in euch. Wie die Rebe nicht von sich selbst Frucht bringen kann, sie bleibe denn am Weinstock, so auch ihr nicht, ihr bleibt denn in mir. Ich bin der Weinstock, ihr seid die Reben. Wer in mir bleibt und ich in ihm, der bringt viel Frucht, denn getrennt von mir könnt ihr nichts tun.*

Die Worte sprangen mir förmlich in die Augen. War es das, was Jeanne gemeint hatte? Warum hatte ich mich so dagegen gesträubt? Mit reumütigem Herzen trat ich vor den Herrn, bekannte ihm meinen Ungehorsam und dankte ihm dafür, daß er mir die Augen für mein eigenes Unvermögen geöffnet hatte.

Es war ein bescheidener Anfang, aber ich war auf dem richtigen Weg. Seither ist diese Stille Zeit die Kraftquelle, aus der ich für meine Aufgaben als Mutter immer wieder schöpfen kann. Mein Problem, angeblich nie genug Zeit zu haben, hat sich dadurch gelöst. Nur auf diese Weise kann ich meine Aufgaben bewältigen und trotzdem gesund bleiben. Durch die regelmäßige Stille vor dem Herrn gewinnt man tatsächlich Zeit. Das klingt vielleicht unglaublich, ist aber eine Tatsache. Erst wenn wir still werden vor Jesus und uns beschenken lassen, bekommt unser Leben Sinn und Inhalt. Sie sehen, der Einsatz lohnt sich!

Die Stille suchen

In unserer heutigen Gesellschaft ist es schwer, zur Ruhe zu kommen. Selbst wenn wir nicht zuhören, laufen Radio, Fernseher oder Plattenspieler. Die ständigen Geräusche im Hintergrund nebeln unsere Gedanken ein. In der Stille hingegen werden wir gezwungen, uns mit unseren eigenen Gedanken auseinanderzusetzen.

Wenn Sie Kinder im Teenageralter haben, wissen Sie, wie diese auf Enttäuschungen reagieren. Sie sitzen stundenlang vor irgendeinem Gerät, um ihre inneren Gefühle damit zu übertönen. Frauen flüchten in überfüllte Einkaufszentren, um der häuslichen Stille zu entkommen. Wir haben Angst vor dem Alleinsein.

Jeder Mensch braucht Ruhe, Zeiten geistiger und körperlicher Entspannung. Medizinische Untersuchungen haben ergeben, daß jede Art von Meditation den Herzschlag verlangsamt und den Blutdruck senkt. Streß wird vermindert, was wiederum die Risiken des hohen Blutdrucks und der Herzattacken herabsetzt.

Wir gebrauchen oft die Ausrede, keine Zeit zur Stille zu haben. Unser Tagesprogramm ist vollgestopft mit Aktivitäten. Vor allem berufstätige Mütter haben keine freie Minute mehr. Hier sollten wir ehrlich zu uns selbst sein und Gott bitten, uns die rechte Zeit für die Stille vor ihm zu zeigen. Das kann zum Beispiel die Zeit sein, in der Sie gewöhnlich fernsehen, Zeitung lesen, in ihrer Lieblingszeitschrift blättern oder im Haus arbeiten. Der Heilige Geist kann Sie sogar dazu treiben, jeden Tag eine Viertelstunde früher aufzustehen, um Zeit für die Gemeinschaft mit Gott zu haben. Wenn Sie es wirklich ernst meinen, wird Gott Ihnen helfen, die nötige Zeit dafür zu finden. Wenn er Sie ruft, haben Sie die Wahl. Sie können ihm entweder gehorchen und Ihre Tätigkeit unterbrechen oder sein Mahnen geflissentlich überhören.

Mütter können sehr einfallsreich sein, wenn es darum geht, Zeit für den Herrn zu finden. Oft las ich meine Bibel, während ich unser Baby stillte. Noch öfter krabbelte ich an regnerischen Nachmittagen mit meinen vier Kleinen unter die Bettdecke, anstatt darauf zu bestehen, daß sie ihr Schläfchen alleine hielten. Wenn der Regen auf unser Metalldach hämmerte, las ich ihnen eine Geschichte von Jesus vor. Bald fielen sie in einen sanften Schlaf. Manchmal, wenn sie auf dem Fußboden in der Küche spielten, setzte ich mich zu ihnen. Sie spielten vergnügt; ich saß still dabei, las oder betete. Als die Kinder etwas älter waren, kaufte ich jedem von ihnen eine kleine Taschenbibel. Darin durften sie während unserer "Jesus-Zeit" lesen. Während ich in meiner Bibel las, taten sie so, als läsen sie auch in ihrer. Sie kamen sich dabei sehr wichtig vor!

Als sie noch größer und verständiger waren, sagte ich ihnen, daß Mutti nun eine Zeitlang an ihren ruhigen Platz ginge, um mit Jesus zu reden. Sie mußten sich während dieser Zeit eine Beschäftigung suchen, durch die ich nicht gestört wurde. Ich stellte für nur fünf Minuten einen Wecker. Wenn er klingelte, durften sie mich unterbrechen. Oft hörte ich, während ich betete, daß sie mit dem Wecker in der Hand draußen vor der Tür standen und ungeduldig auf sein Klingeln warteten. Man kann Kindern beibringen, für eine kurze Zeit geduldig zu sein. Gebrauchen Sie Ihren Verstand, wenn Sie die Dauer Ihrer stillen Zeiten festlegen; fünf Minuten sind für einen Dreijährigen eine Ewigkeit. Vielleicht ist es nötig, daß Sie während des Tages mehrere fünfminütige Pausen zum Beten und Bibellesen einlegen, Zeiten, in denen Sie Gott loben oder einfach ruhig dasitzen und auf den Herrn hören. Wie glücklich dürfen sich Kinder schätzen, die ihre Mutter beim Beten und beim Lesen des Wortes Gottes sehen. Die Mutter ist ein Vorbild für ihr eigenes späteres Leben.

Legen Sie eine Zeit fest

Es ist wichtig, daß Sie versuchen, jeden Tag die gleiche Zeit für Ihre Begegnung mit Gott zu reservieren. Wenn dies erst einmal zur

Gewohnheit geworden ist, dann wird die Stille Zeit zu einem selbstverständlichen Teil Ihres Lebens. Für mich haben sich die Morgenstunden am günstigsten erwiesen. Obwohl es mir schwerfällt, so früh aufzustehen, weiß ich aus Erfahrung, daß ich später einfach nicht mehr dazu komme.

Als meine Kinder zur Schule gingen, machte ich es mir zur Gewohnheit, jeden Morgen eine Viertelstunde früher aufzustehen. Die Versuchung war groß, den Wecker abzustellen und zu warten, bis sie hereinkamen und mich weckten, anstatt bereits vor ihnen aufzustehen. Es war nicht sehr angenehm, schlaftrunken in meine finstere Küche zu wanken, aber ich war fest entschlossen, einige Zeit mit dem Herrn alleine zu verbringen. Mein Ziel bestand darin, mich auf den vor mir liegenden Tag vorzubereiten und alle im Haus unter den Segen des Herrn zu stellen. Während ich mit ungekämmtem Haar und halbgeöffneten Augen am Küchentisch saß, betrat ich das Allerheiligste. Ich brachte Warren und jedes meiner Kinder im Gebet vor den Herrn. "Herr Jesus", betete ich, "erfülle heute mein Haus mit deiner Liebe und mit deiner Gegenwart, so daß jeder, der hier eintritt, sehen kann, daß du hier wohnst. Wenn mein Mann und die Kinder diese Küche betreten, dann lasse sie deine Gegenwart spüren. Hilf mir, deine Liebe auszustrahlen." Diese Zeit, die ich am frühen Morgen mit dem Herrn verbrachte, veränderte unser Familienleben. Unsere vier schläfrigen und manchmal noch reizbaren Kinder wurden von einer Mutter begrüßt, die soeben Zwiesprache mit Gott gehalten hatte. Der Heilige Geist befähigte mich, freundlich und liebevoll zu sein und alles zu meistern, was nötig ist, um die Kinder am Morgen in die Schule zu schicken. Ich machte ihnen ein nahrhaftes Frühstück und nahm mir Zeit für eine gemeinsame Andacht. Diese Morgenzeit, in der es sonst besonders hektisch zugegangen war, bekam allmählich ein völlig anderes Gesicht.

Legen Sie einen Ort fest

Es ist ebenfalls wichtig, einen bestimmten Ort für Ihre tägliche Stille Zeit festzulegen. Das kann ein Platz an Ihrem Küchentisch sein, das Badezimmer, das Schlafzimmer, der Keller, Ihr Lieblingssessel im Wohnzimmer oder ein stilles Plätzchen im Freien. Der Herr Jesus ist nicht wählerisch, was den Ort und die Zeit anbelangt.

Er ist sehr flexibel, und er ist überall und zu jeder Zeit für Sie da. Meine Begegnung mit dem Herrn findet oft am Küchentisch statt. Hier habe ich genügend Platz für mein Notizbuch und für die Bibel. Wenn ich erst einmal anfange, den Tisch abzuräumen, dann bin ich versucht, gleich das Geschirr zu spülen; deshalb lasse ich es lieber stehen. Jesus hat nichts gegen schmutziges Geschirr, Brotkrümel oder Cornflakes-Packungen. Was ihn wirklich interessiert, sind Sie!

Am Anfang gelingt es Ihnen vielleicht nicht, eine längere Stille Zeit zu halten. Ich schlage deshalb vor, daß Sie fürs erste nur fünf Minuten stille vor dem Herrn werden. Das wird Ihnen bald nicht mehr genügen. Allmählich werden Sie diese Zeit auf 15 bis 30 Minuten ausdehnen.

Wenn es Ihnen schwerfällt, eine so lange Stille Zeit zu halten, dann versuchen Sie doch einfach, sie aufzuteilen. Der frühe Morgen erscheint Ihnen vielleicht am besten geeignet zum Gebet. Wenn die Kinder auf dem Weg zur Schule sind, wollen Sie vielleicht eine Viertelstunde in der Bibel lesen. Einige Stunden später, wenn die Kinder ihren Mittagsschlaf halten, könnten Sie einiges in Ihr geistliches Notizbuch schreiben. Der Abend, wenn die Kinder im Bett sind, ist vielleicht geeignet, Jesus zu loben und zu preisen.

Ich weiß, das alles erfordert Disziplin. Wir geraten in Konflikte, wenn wir um Jesu willen auf etwas verzichten sollen, was wir gerne täten. Die Vorstellung, daß wir nur dann etwas erreichen können, wenn wir ständig in Bewegung sind, ist uns schwer abzugewöhnen. Ruhe und Stille passen überhaupt nicht in unser Denkschema.

Geben Sie nicht auf!

Am Anfang wird manchmal Unruhe und Langeweile in Ihnen aufkommen. Satan weiß genau, wie bedeutsam und wirkungsvoll die Stille Zeit für ein gesundes Glaubensleben ist. Er wird versuchen, Sie davon abzubringen. Sie werden durch alles mögliche abgelenkt werden: das Telefon wird klingeln, das Baby wird schreien, die Kinder werden ihre Mittagsruhe nicht einhalten und Nachbarn werden unerwartet bei Ihnen hereinschauen. Bewahren Sie Disziplin und geben Sie nicht auf! Denken Sie daran: Jesus versteht Sie. Er wurde auch oft gestört. Die Jünger suchten ständig seine Nähe. Wenn Sie versucht sind, wegen dieser ständigen Unterbrechungen aufzugeben, dann halten Sie sich folgenden Merksatz vor Augen: Eine Stille Zeit mit Unterbrechungen ist immer noch besser als überhaupt keine Stille vor Gott.

Judy Eadie, Schriftstellerin und Karrikaturistin aus Vancouver, Kanada, hat einmal sehr treffend beschrieben, wie das Glaubensleben einer Mutter manchmal aussieht:
"Herr, eine ruhige Stunde mit dir ist, als würde ich einen Ballen kostbaren neuen Stoffes abrollen.

An einem trüben, trostlosen Morgen wie heute sehne ich mich einmal mehr nach dem sanften Gefühl eines ungestörten Gebets. Ein Stück Einsamkeit, lang genug, um mein ganzes Leben darauf auszubreiten und es mit Genuß zuzuschneiden.

Im Laufe der Zeit habe ich mir einen Bestand an kostbaren Momenten heiterer Gelassenheit angesammelt. Manches Mal bin ich nachts zu dir gekommen, um makellose, angesparte Stunden vor dir auszubreiten wie eine Rolle purpurroter Seide. Die Familie schläft, die Uhr tickt; ich bin frei, alle Gedanken, die sich in mir angesammelt haben, vor dir auszubreiten und jede Schwierigkeit im leuchtenden Raum des Schweigens an die richtige Stelle zu heften. Viel Platz, Herr, für eine schöpferische Gemeinschaft.

Aber in letzter Zeit waren da diese formlosen Fetzen Ruhe; unzählige lästige kleine Pausen, kaum groß genug, um ein Halleluja anzubringen. Mein Gehirn wurde zu einer Abfalltüte aus zerrissenen Gebetsfetzen.

Bittgebete, Bibelschnipsel. Und du kennst mich, die launische Perfektionistin, die sehnsüchtig auf die große Gelegenheit wartet und dabei die Millionen kleiner Augenblicke übersieht.

So finde ich mich, anstatt in ununterbrochener schimmernder Meditation zu schwelgen, in einem Trödelladen aus kleinen Beständen, um dich zu preisen.

Zeige mir, Jesus, was ich mit ihnen tun soll. Setze sie zusammen wie ein Mosaikfenster und mache etwas Schönes aus dem Stückwerk all der kleinen Bitten und Lobpreisungen meines Tages."

Finden Sie sich wieder in Judys Beschreibung? Ich habe solche Zeiten in zwei verschiedenen Epochen meines Lebens erlebt: als junge Mutter von vier Kleinkindern, und später als Mutter von vier älteren Kindern und einem Baby. Es wird nicht leichter, wenn Sie älter werden. Aber auch das geht vorbei.

Eine 86jährige, gläubige Frau kam vor einigen Jahren nach einer Konferenz zu mir. Auf ein zerknittertes Stück Papier hatte sie geschrieben: "Sorgen Sie dafür, daß Ihre Beziehung zu Gott gesichert ist, solange Sie noch jung und voller Tatendrang sind; denn die Zeit wird kommen, in der all Ihre Betriebsamkeit vorbei und Gott Ihr einziger Kamerad sein wird - dann werden Sie niemals einsam sein." Sie wußte, wie schnell die Zeit vergeht, und wie wichtig es ist, bereits in jungen Jahren eine Beziehung zu Gott aufzubauen.

Ein geistliches Tagebuch

Ich empfehle Ihnen, sich unbedingt ein geistliches Tagebuch zuzulegen. In Psalm 102, Vers 19 erklärt der Psalmist, warum er die Geschichte Israels aufschreibt: "Dies sei aufgeschrieben für das künftige Geschlecht, und ein neu geschaffenes Volk soll Jahwe loben".

Ähnlich denke ich auch über mein geistliches Notizbuch. Ich möchte, daß es zu einem Vermächtnis für meine Kinder wird. Wenn sie es lesen, sollen sie sehen, was Gott im Leben einer gewöhnlichen Frau, ihrer Mutter, getan hat.

Martin Luther wies seinerzeit auch auf die Wichtigkeit eines solchen Tagebuchs hin, und Walter Trobisch schreibt in seinem Büchlein *Kleine Therapie für geistliche Durststrecken* (Brockhaus):

"Wer es sich einmal zur Gewohnheit gemacht hat, die Gedanken seiner Stillen Zeit in einem Notizbuch festzuhalten, der wird es kaum wieder aufgeben. Unsere persönlichen Andachten sind doch oft deshalb so unattraktiv und eintönig, weil jeder von uns an jedem Tag fast dieselben allgemeinen, vagen frommen Gedanken wiederholt. Das führt zur Monotonie. Unsere Gedanken bleiben unscharf und abstrakt, ohne Bezug zu unserem konkreten Alltag. Das Niederschreiben, wie es Luther vorschlägt, ist eine Form der Inkarnation, der Fleischwerdung des Wortes Gottes, das dadurch greifbar, sichtbar und konkret wird. Wir sind gezwungen, genau, eindeutig und klar abgegrenzt zu formulieren. Statt Monotonie erleben wir Vielfalt und Überraschung.

Wenn wir unsere Gedanken am Morgen niedergeschrieben haben, können wir außerdem tagsüber nachprüfen, ob wir unsere Vorsätze auch ausgeführt haben." (S. 37-38)

Legen Sie Ihr Notizbuch in die Nähe Ihrer Bibel. Teilen Sie es in Abschnitte ein, wie zum Beispiel Bibelstudium, Gebetsanliegen, Briefe an Gott, was Gott mir sagen will, was ich gelernt habe, wofür ich loben und danken kann, Familienerinnerungen.

Beginnen Sie Ihre Stille Zeit, indem Sie sich ganz ruhig vor den Herrn hinsetzen. Versuchen Sie alle störenden Gedanken auszuschalten. Atmen Sie tief durch und entspannen Sie sich. Martin Luther bezeichnete das als die Zeit, in der wir uns "erwärmen" sollen. Er glaubte, daß Gott durch unsere Gedanken zu uns spricht, wenn "das Herz erwärmt" ist. Konzentrieren Sie sich auf Gottes Güte und Liebe. Schauen Sie aufs Kreuz und meditieren Sie über die Liebe Christi, der für Sie in den Tod gegangen ist. Stellen Sie sich vor, wie groß und mächtig er ist. Denken Sie über seine Eigenschaften nach. Schreiben Sie sie nieder.

Treten Sie mit einem reumütigen Herzen vor den Herrn. Bekennen Sie ihm Ihre Sünden. In Psalm 66,18 heißt es: "Wenn ich es in meinem Herzen auf Frevel abgesehen hätte, so würde der Herr nicht hören." Übergehen Sie diesen Punkt nicht. Lassen Sie dem Heiligen Geist Zeit, an Ihnen zu wirken. Bitten Sie ihn, Ihnen zu zeigen, was sich in Ihrem Verhalten ändern muß. Bekennen Sie Ihre Sünden, und nehmen Sie die Vergebung an, die Jesus für Sie erwirkt hat. Schreiben Sie in Ihr Notizbuch alles, was Gott Ihnen auf diesem Gebiet gezeigt hat.

Als nächstes beginnen Sie, Gottes Wort zu lesen. Geben Sie auf einer Seite Ihres Notizbuchs das Datum an und den Abschnitt, den Sie lesen. Schreiben Sie Ihre Gedanken über das Gelesene auf. Seien Sie nicht enttäuscht, wenn einmal gar nichts kommt. Ich habe einige Seiten in meinem Notizbuch, auf denen nichts weiter vermerkt ist als das Datum und die gelesene Bibelstelle. Es kann sein, daß Ihnen mehrere Tage hintereinander nichts Neues einfällt. Das bedeutet keineswegs, daß Gott nicht an Ihnen arbeitet. Halten Sie in solchen "Dürrezeiten" durch!

Bitten Sie den Heiligen Geist, Sie beim Lesen des Wortes anzuleiten und Ihnen Jesus zu offenbaren. Bedenken Sie, daß die Bibel ein göttlich inspiriertes Buch ist, das wir nur dann richtig verstehen können, wenn der Heilige Geist in uns arbeitet. Wir brauchen ihn; er muß unsere Gedanken erleuchten.

Wenn Sie sich jeden Tag drei Kapitel vornehmen, können Sie in einem Jahr die ganze Bibel durchlesen. Ist das vielleicht eines Ihrer Ziele? Sie brauchen dazu nur eine Viertelstunde am Tag. Ich lese nach Möglichkeit jeden Tag ein Kapitel im Neuen Testament und eines im Alten Testament. Außerdem gehören das ganze Jahr hindurch die Psalmen und die Sprüche zu meiner täglichen Bibellese.

Versuchen Sie, Gott Ihre Gefühle in Form eines Briefes darzulegen. Ich hatte früher Hemmungen, das zu tun; aber Gott kümmert sich nicht um Zeichensetzung, Groß- und Kleinschreibung oder den Satzbau. Schreiben Sie auf, was Sie denken, was Sie fühlen, und was Ihnen Schwierigkeiten bereitet. Vorerst bekommt das ja kein anderer zu lesen; seien Sie deshalb Gott gegenüber ehrlich. (Ich vermeide Namensnennungen in meinem Tagebuch und beschränke mich auf die Anfangsbuchstaben, für den Fall, daß es jemand zufällig liest.)

Schreiben ist eine hervorragende Therapie. Was Sie einmal niedergeschrieben haben, kann Ihren Kopf schon nicht mehr belasten. In schlaflosen Nächten stehe ich auf und bringe meine Gedanken zu Papier. Meist hilft mir das, danach wieder einzuschlafen. Ich lese von Zeit zu Zeit die Briefe wieder einmal durch, die ich an Gott geschrieben habe. Dann freue ich mich zu sehen, wie wunderbar Gott in meinem Leben gewirkt hat. Ich habe viel daraus gelernt. Viele kleine Einzelheiten, die ich sonst längst vergessen hätte, sind für mich hier zur Erinnerung aufgeschrieben.

Ich habe in meinem Notizbuch einen besonderen Abschnitt für Erinnerungen reserviert. Das Erinnerungsvermögen ist ein wunderbares Geschenk unseres Gottes. In diesem Teil meines Notizbuchs habe ich die Geburtstage meiner Kinder aufgeschrieben und wie sie gefeiert wurden; jeden ersten Tag eines neuen Schuljahres; ihre ersten Rendezvous; ihre Ferien und andere besondere Ereignisse. Sie sind in Form von Dankesbriefen an Gott abgefaßt. Wir nehmen uns oft vor, die vielen netten kleinen Dinge, die unsere Kinder sagen und tun, aufzuschreiben; hier ist ein hervorragender Platz dafür!

Einen anderen Teil meines Notizbuchs widme ich den Gebetsanliegen. Wenn mich jemand um Gebetsunterstützung bittet, schreibe ich das sofort auf und setze das Datum daneben. Oft zeigt mir Gott in meiner Stillen Zeit jemanden, für den ich beten soll. Neben jedes Gebetsanliegen schreibe ich später dann noch das Datum des Tages, an dem Gott das Gebet erhört hat, und ein großes *PdH* ("Preis dem Herrn") dazu.

Bringen Sie dem Herrn alles, was Sie haben. Er wird Sie niemals abweisen. Er wird Sie lehren, Ihre Zeit sinnvoll zu nutzen. Er wird etwas Schönes daraus machen, und auch Ihre Familie und Ihre Mitmenschen werden dadurch Segen empfangen. Ihr Leben wird Ordnung ausstrahlen. Sie werden die Fähigkeit erlangen, zwischen Dringlichem und Wichtigem zu unterscheiden. In Ihrer Stillen Zeit werden Sie das nötige Rüstzeug erhalten, um Ihren Haushalt unter Gottes Leitung zu führen. Der Anfang ist zweifellos ein Glaubensschritt; aber vertrauen Sie dem Herrn, er wird Sie reichlich segnen.

IX

Zeit inmitten allen Dienstes

Gott lädt uns keine Lasten auf, die wir nicht tragen können. Er will nicht, daß wir Magengeschwüre bekommen oder durch einen Nervenzusammenbruch oder Herzinfarkt mattgesetzt werden. Schuld daran sind unsere inneren Zwänge und der Druck der äußeren Umstände ... Wenn der Christ zu beschäftigt ist, um innezuhalten, geistlich aufzutanken und Anweisungen von Gott zu empfangen, gerät er unter die Tyrannei des Dringlichen. Auch wenn er Tag und Nacht arbeitet, um zu erreichen, was ihm und anderen bedeutsam erscheint, wird er nicht das Werk vollenden, das Gott ihm zugedacht hat. (Charles E. Hummel, *The Tyranny of the Urgent*, InterVarsity Press, S. 11-12)

Die Boeing 727 stieg so schnell auf, daß ich die Landschaft unter mir nur noch als verschwommenen Fleck wahrnehmen konnte. Ich versuchte mich darauf zu konzentrieren, aber bald schon mußte ich mich abwenden. Als wir unsere Flughöhe erreicht hatten, überkam mich ein Gefühl der Ruhe und des Friedens. Als ich jetzt aus dem Fenster die Landschaft unter mir sah, schien alles fast bewegungslos, ruhig und still dazuliegen.

Ein seltsames Abbild meines Lebens, dachte ich. In meinem Leben ging es so hektisch zu, daß alles um mich her verschwommen schien. Wieder einmal war bei mir alles durcheinander; die Last des Lebens schien mich zu erdrücken. Ich fragte mich, warum ich überhaupt in einem Flugzeug saß, das mich nach Omaha zu einer Frauenfreizeit bringen sollte. Wie konnte ich in meinem Zustand noch etwas an andere weitergeben? Ich war körperlich, seelisch und - was am schlimmsten war - auch in meinem Glaubensleben am Ende. Ich hatte den Eindruck, jeder wollte etwas von mir, und es war doch nichts mehr vorhanden, was ich hätte geben können. Ich war deprimiert und unglücklich und litt unter all den typischen Anzeichen totaler Erschöpfung. Meine Familie brauchte mich. Meine Gemeinde brauchte mich. Überall, wohin ich auch blickte, brauchten Menschen dringend Hilfe.

"Nimm dir Zeit, mich zu suchen"

Der Dienst, zu dem mich Gott berufen hatte, erschien mir einfach zu schwer. Statt mich zu freuen, daß ich dem Herrn dienen durfte, jammerte und klagte ich. Schließlich schrie ich in meiner Verzweiflung zum Herrn: "Wie soll es mit mir weitergehen, Herr? Ich bin so müde. Am liebsten würde ich davonlaufen."

In die Stille meines Herzens sprach der Herr: "Elise, warum willst du immer nur dann davonlaufen, wenn der Druck so stark wird, daß du ihn nicht mehr aushalten kannst? Du läufst auch vor mir davon. Laufe lieber zuerst zu mir; dann wirst du auch mit dem Druck fertig werden. Nimm dir Zeit, mich zu suchen."

Der Heilige Geist öffnete mir allmählich die Augen und zeigte mir, was in meinem Leben schiefgelaufen war: Ich war so beschäftigt mit meinem Dienst für den Herrn, daß ich mir keine Zeit mehr für die Gemeinschaft mit ihm nahm. Kein Wunder, daß ich mich so ausgelaugt fühlte! Ich vertraute auf meine eigene Kraft, nicht auf die Kraft Gottes. Der Dienst, zu dem er mich berufen hatte, stand zwischen uns.

Mir hätte gelten können, was der Herr in Offenbarung 2,2-4 der Gemeinde in Ephesus sagt:

> *Ich kenne deine Werke und deine Mühe und dein Ausharren, und daß du Böse nicht ertragen kannst; und du hast die geprüft, die sich Apostel nennen und es nicht sind, und hast sie als Lügner erkannt; und du hast Ausharren und hast vieles getragen um meines Namens willen und bist nicht müde geworden. Aber ich habe gegen dich, daß du deine erste Liebe verlassen hast.*

Jesus, den ich so sehr liebte und dem ich so gerne dienen wollte, war immer mehr zu meinem "Arbeitgeber" geworden. Wo waren jene herrlichen Zeiten ungetrübter Gemeinschaft mit ihm geblieben? Ich wußte, daß mich Jesus vor der Falle bewahrt hatte, seine Gunst durch Arbeit verdienen zu wollen; dennoch plagte ich mich immer wieder mit guten Werken, in der heimlichen Hoffnung, er werde mich dann mehr lieben. Einst wußte ich mich allein durch seine Liebe angenommen, während ich jetzt versuchte, Gott und anderen zu beweisen, wie fromm ich war.

Nicht Jesus war es, der mich an den Rand der Erschöpfung getrieben hatte. Meine eigenen Wünsche und Ambitionen waren der Kern meines Problems. Alles, was Jesus von mir wollte, war meine Liebe.

Barry Gruters schrieb in einem Artikel mit dem Titel *When Ministry Comes Between You and God* (Wenn der Dienst zwischen dich und Gott tritt) im *Discipleship Journal,* Heft 13/1983:

"Ich habe festgestellt, daß viele Gläubige um so weniger Zeit mit dem Herrn allein verbringen, je begabter sie sind und je mehr sie sich in der Gemeinde engagieren. Die Mitarbeit in der Gemeinde kann in der Tat zu einer Rechtfertigung für eine wachsende Distanz in unserer Beziehung zu Gott werden.

Die Folge davon ist, daß unser Dienst aus dem Fleisch geschieht. Er erwächst nicht aus dem Vertrauen zu Christus und aus der engen persönlichen Beziehung zu ihm. Es ist ein oberflächlicher Dienst und ein kurzfristiger Dienst.

Die Lösung besteht darin, daß wir uns Zeit nehmen müssen für die Stille vor Gott, auch wenn wir dann weniger einsatzfähig sein sollten in der Gemeindearbeit. Es muß wieder zu einer innigen Beziehung mit Christus kommen, nicht nur um unseres eigenen Wachstums willen, sondern um anderen wirksam helfen zu können."

Ich wußte, daß die Lösung meines Problems darin bestand, manche meiner Verpflichtungen zu streichen, um Zeit zu gewinnen für die persönliche Begegnung mit dem Herrn. Das konnte bedeuten, daß ich auch Menschen eine Absage geben mußte, die mich brauchten. Ich mußte mich zuallererst selbst aufrichten lassen.

Hat nicht auch Jesus das während seines Dienstes immer wieder getan? Wenn ihn die Menschenmengen bedrängten, zog er sich in die Wildnis oder auf den See zurück, um die Gemeinschaft mit seinem himmlischen Vater zu suchen. Jesus heilte nicht jeden in Palästina, aber er tat, was sein Vater von ihm verlangte.

Zeit, sich zurückzuziehen

Neben mir im Flugzeug saß eine junge Frau. Die Anstecknadel in Form einer Taube am Revers ihres Kostüms gab mir einen Hinweis, daß sie vielleicht eine Christin sein könnte. Der andere Platz war von einem lässig gekleideten Mann mittleren Alters besetzt. Als wir aufgestiegen waren, schien er zu schlafen.

Ich war noch nicht bereit, mit der Frau neben mir ein Gespräch anzufangen. In meiner Hand lag das Buch *Celebration of Discipline* - Es lebe die Disziplin! - von Richard J. Foster (Harper and Row), und ich war fest entschlossen, darin zu lesen.

Es ist erstaunlich, wie Gott manchmal handelt. Immer wieder sorgt er für Überraschungen. Die Worte, die ich damals im Flugzeug las, sprangen mir förmlich in die Augen. War das etwas, was ich unterstreichen, einkreisen und mir merken sollte? Ich las:

> *"Eine meiner lohnendsten Erfahrungen machte ich, als ich es mir zur Regel machte, mich zu gewissen Zeiten völlig in die Einsamkeit zurückzuziehen. Im allgemeinen dauert das zwei oder drei Tage. Zweifellos werden Sie jetzt einwenden, Sie seien so beschäftigt, daß Sie für so etwas wirklich keine Zeit erübrigen könnten. Sie sollen wissen, daß es für mich nicht leichter ist, mir eine solche Zeit zu schaffen, als für jeden anderen. Ich kämpfe um jede solche Gelegenheit und trage sie bereits Wochen im voraus in meinen Terminkalender ein. Auch anderen habe ich solche Tage der Zurückgezogenheit empfohlen. Dabei stellte ich fest, daß Führungskräfte mit einem vollen Terminkalender, Leute mit hartem Arbeitspensum, Hausfrauen mit großen Familien usw. durchaus Zeit für eine persönliche Zeit der Einkehr finden können. Das größte Problem besteht nicht darin, die nötige Zeit zu finden, sondern darin, mich selbst davon zu überzeugen, daß die Stille wichtig genug ist, um dafür Zeit zu opfern ...*
>
> *Sie können diese Tage der Besinnung überall einlegen - nur nicht zu Hause. Wenn Sie Ihr Domizil verlassen, sind Sie nicht nur frei von Telefonanrufen und häuslichen Pflichten, sondern Ihre Lernbereitschaft wächst ... Oft sind katholische Einrichtungen bereit, Einzelgäste aufzunehmen, die sich für eine Weile in die Stille zurückziehen möchten ..."*

Ich wurde durch die Stewardess unterbrochen, die mich fragte, ob ich etwas zu trinken haben wollte. Ich legte das Buch zur Seite und wandte mich der jungen Frau neben mir zu. Wir kamen ins Gespräch, und nachdem wir uns eine Weile über alles mögliche unterhalten hatten, wollte sie wissen, warum ich nach Omaha flog. "Ich gehe auf eine Frauenfreizeit", antwortete ich.

"Oh, ich habe schon als Kind an Freizeiten teilgenommen", sagte sie, "aber richtig schätzen gelernt habe ich sie erst, als ich älter wurde."

Sie gehörte einer anderen Gemeinde an als ich, und ich wußte, daß wir von einer Freizeit ganz verschiedene Vorstellungen hatten. Was ich leitete, war in Wirklichkeit nur eine Konferenz für Frauen, die für ein Wochenende zusammenkamen, um miteinander Gemeinschaft zu haben, Gottes Wort zu betrachten und sich zu erholen. Wir nannten sie Freizeiten, in Wirklichkeit waren es aber Konferenzen, bei denen wir etwas lernen wollten.

Dann begannen wir, unsere persönliche Meinung über Freizeiten auszutauschen. Ich erzählte ihr von der Zeit, als mich Claudette, eine gläubige Nachbarin, zu einer Freizeit in eine der nahegelegenen katholischen Erholungsstätten einlud. Ich ließ mir jede nur denkbare Ausrede einfallen. Ich wußte, was sie unter einer Freizeit verstand: einen ganzen Tag lang still sein und schweigen. Ich, die ich es gewohnt war, ständig in Bewegung zu sein, würde das nie durchhalten können. Diese Art von Freizeit war einfach nichts für mich.

Während wir redeten, öffnete der Mann neben ihr kurz die Augen, um gleich danach wieder einzuschlafen. Offensichtlich war er an unserer Unterhaltung nicht interessiert. "Waren Sie schon einmal bei so einer stillen Freizeit?" fragte mich die Frau.

Ich verneinte, aber ich verriet ihr, daß ich in letzter Zeit öfter den Wunsch hatte, mich zurückzuziehen. Ich erzählte ihr davon, wie sehr mir dieser ständige Zeitdruck zu schaffen machte.

In diesem Augenblick entschloß sich der Herr neben ihr, in unsere Unterhaltung einzugreifen. "Sie müssen schon entschuldigen, daß ich Sie so einfach unterbreche, aber ich habe gehört, wie Sie sich über Freizeiten unterhielten, da glaube ich, daß ich etwas dazu beitragen kann. Ich bin Jesuitenpriester an der Universität Detroit, und dort bin ich als Freizeitleiter tätig. Ich gebe vielen Christen Wegweisung für besondere Einkehrtage, die bis zu fünf Tagen dauern können."

Sie können sich sicher vorstellen, wie verblüfft wir waren. Ich bin sicher, daß Gott selbst unser Treffen arrangiert hatte. Wieder einmal erwies er mir seine Fürsorge, indem er mir einen Menschen über den Weg schickte, von dem ich etwas Wichtiges lernen durfte.

Den Rest des Fluges verbrachten wir mit einer angeregten Unterhaltung über die Vor- und Nachteile von Freizeiten. Der Priester schlug vor, ich solle mir trotz meines vollen Terminkalenders Zeit für ein paar stille Tage nehmen. "Je beschäftigter Sie im Dienst für Gott sind, desto mehr Zeit brauchen Sie, um in der Stille Wegweisung von ihm zu empfangen", sagte er.

Ich ließ mir alle möglichen Ausreden einfallen. Zuerst erklärte ich ihm, daß ich als Ehefrau und Mutter alle Hände voll zu tun habe. "In meiner Lage wäre das einfach nicht machbar", sagte ich. "Warren könnte unmöglich auf unsere vier Kinder aufpassen, während ich mir freinähme. Nein, daran ist kein Gedanke."

Noch einige andere Entschuldigungen brachte ich vor, doch keine wurden von ihm akzeptiert. Schließlich blickte er mich fest an und sagte mit einer Dreistigkeit, die nur vom Herrn sein konnte: "Es stimmt gar nicht, daß Sie keine Zeit haben oder sich zu sehr um Ihre Familie kümmern müssen. Der wahre Grund ist, daß Sie sich nicht wertvoll genug vorkommen. Und noch etwas: Sie haben Angst davor, mit Gott alleine zu sein." Seine Worte waren wie ein Schock für mich. Dieser Mann, der mich überhaupt nicht kannte, sah mir mitten ins Herz. Wurde er etwa von Gott gebraucht, um mich auf etwas hinzuweisen, was in meinem Leben nicht in Ordnung war?

Allmählich fügte sich alles zusammen wie die Teile eines Puzzles. Innerhalb von zwei Stunden hatte ich begriffen, was für jeden, der dem Herrn dient, der wichtigste Grundsatz sein sollte: *Je mehr ich damit beschäftigt bin, dem Herrn zu dienen, desto mehr Zeit muß ich mit Jesus verbringen.* Sagte nicht auch Martin Luther, daß er, der gewöhnlich zwei Stunden am Tag mit dem Studium der Heiligen Schrift zubrachte, an besonders arbeitsreichen Tagen die doppelte Zeit darauf verwandte?

"Trachtet aber zuerst nach dem Reich Gottes und nach seiner Gerechtigkeit, und dies alles wird euch hinzugefügt werden" (Matthäus 6,33), ermahnt uns Jesus. Nehmen wir uns doch inmitten unserer täglichen Pflichten Zeit für Gott! Nehmen wir uns Zeit, um vor unserem Herrn und Meister stille zu werden.

Mitten in all unserer Geschäftigkeit erreicht uns der Ruf, in die Stille zu gehen und dem Herrn zu begegnen, der so groß und wunderbar ist. Wie sehr widerstrebt das unserem natürlichen Menschen! *Ich muß etwas tun*, denken wir. *Ich muß ständig etwas leisten, um Erfolg zu haben und es im Leben zu etwas zu bringen. Nur so kann ich im Leben bestehen.*

Jesus sehnt sich nach uns

Können Sie sich vorstellen, wie sehr sich Jesus danach sehnt, Sie einmal ganz allein für sich zu haben? Können Sie sich ausmalen, wie er an Ihrem Küchentisch oder in Ihrem Wohnzimmer sitzt und geduldig darauf wartet, daß Sie sich Zeit für ihn nehmen? Bemerken Sie das Lächeln in seinem Gesicht, obwohl Sie geschäftig herumrennen und ihn unbeachtet lassen? Können Sie sehen, wie er die Arme ausbreitet und Sie einlädt, zu ihm zu kommen? Er möchte Ihnen ganz nahe sein, Ihnen sagen, wie wertvoll Sie ihm sind. Woran liegt es, daß wir nicht auf seine Einladung eingehen, um uns an der Gemeinschaft mit ihm zu freuen? Weil unsere eigensüchtigen Wünsche und Bestrebungen uns abhalten. Jedes Mal, wenn wir seinen Ruf bewußt überhören, gehen uns die Segnungen verloren, die er für uns bereithält. Wir verschwenden in der Tat Zeit; wir drehen uns um uns selbst und bringen nichts zustande.

Die Gemeinschaft mit Jesus steht bei uns hoch im Kurs, aber selten bemühen wir uns wirklich um sie. Tim Fallon hat in einer christlichen Zeitschrift einen Beitrag zu der Frage veröffentlicht, warum es uns so schwerfällt, Zeit für den Herrn zu finden. Darin heißt es:

> *Betriebsamkeit, Ablenkungen, Unfähigkeit und Zweifel an der Wirksamkeit des Gebets sind einige der vielen Ursachen der Gebetslosigkeit. Die Wurzel liegt jedoch viel tiefer; sie ist im Kern unseres Wesens verborgen. Wir beten nicht, weil Beten unweigerlich zu Konflikten führt ... Da es schmerzhaft ist, sich diesen Konflikten zu stellen, erfinden wir alle möglichen Ausreden, um das Eingreifen Gottes zu verhindern. (Too Busy to Pray - Zu beschäftigt, um zu beten - in Religious Teacher's Journal, März 1983, S. 42).*

Weiter schreibt Fallon, daß es in unserer heutigen Gesellschaft hauptsächlich um Macht und Einfluß geht. Wer Eigeninitiative entwickelt, wer es zu etwas bringt, der genießt Ansehen. Im Gegensatz dazu ist die Zeit, die wir mit dem Herrn alleine verbringen, ein Akt der Hingabe. Sie zwingt uns, unsere eigene Tagesplanung aufzugeben und dem Drang zu widerstehen, die Sache selbst in die Hand zu nehmen.

Fallon weist außerdem darauf hin, daß es in unserer Gesellschaft sehr auf Leistung und Produktivität ankommt. Die Stille Zeit steht dazu im Gegensatz, weil es sich dabei nicht um ein aktives Tun, sondern um ein stilles Hören auf den Herrn handelt.

Auch wir neigen zu der Auffassung, Streß sei in unserer hektischen Zeit einfach unvermeidbar. Fallon meint dazu:

> *Unsere Adrenalinsucht hat epidemische Ausmaße angenommen. Das Beten fällt uns schwer, weil es uns inmitten unserer Nöte ein absolutes Vertrauen abverlangt ... Selbst wenn wir unser streßgeplagtes Leben verfluchen, halten wir lieber daran fest, als das Vertrauen zu wagen, das zur Änderung unseres Lebens erforderlich ist. (S. 41)*

Der innige Kontakt mit dem Herrn

Viele Mütter habe ich kennengelernt, die mir sagten, sie könnten ja während der Arbeit mit dem Herrn reden. Es hieße ja schließlich in der Bibel, daß wir "unablässig" beten sollten (1. Thessalonicher 5,17). Natürlich sollen wir zu jeder Zeit mit dem Herrn sprechen, aber wir brauchen auch eine Zeit der Stille, wo wir völlig ungestört sind, um auf die Stimme unseres Herrn zu hören.

Ich gebrauche als Beispiel gern meine Beziehung zu meinem Mann Warren, um zu verdeutlichen, wie beschäftigt wir oft sind, daß wir unserem Herrn nicht mehr richtig zuhören: Es gibt Zeiten, da kommt er heim, und ich bin ein Energiebündel. Er möchte mit mir reden, ich möchte weiterarbeiten. Er läuft im ganzen Haus hinter mir her und möchte sich mit mir unterhalten, während ich meiner Arbeit nachgehe. Es entsteht kein Blickkontakt zwischen uns, und ich gehe kaum auf ihn ein, weil ich so in meine Tätigkeit vertieft bin. Geht es vielen von Ihnen nicht oft genauso? Sie wollen Ihrem Mann etwas sagen - er sitzt vor dem Fernseher oder hat sich hinter der Zeitung vergraben.

Zeiten der Stille dienen nicht in erster Linie dazu, unsere Nöte vor dem Herrn auszubreiten. Sie geben uns vor allem Gelegenheit, auf das zu hören, was er uns sagen will. Wir können überall mit dem Herrn sprechen - an jedem Ort, zu jeder Zeit, bei Arbeit oder Spiel. Der Herr schenkt uns immer seine ungeteilte Aufmerksamkeit. Er hört uns, auch wenn wir noch so beschäftigt sind. Was er von uns haben möchte, ist unsere ungeteilte Aufmerksamkeit. Er möchte, daß wir stille werden, damit seine Worte uns in der Tiefe unseres Seins erreichen können. Er möchte, daß es zu einem wirklichen "Herzenskontakt" zwischen uns kommt, so wie mein Mann den Blickkontakt zu mir ersehnt. In der Stille erfahren wir, wie er uns führen will, und lernen sein Wort verstehen. In der Stille erleben wir den Reichtum seiner Liebe ganz persönlich.

Der "Zehnte" unserer Zeit

In Maleachi 3,8-10 finden wir eine herrliche Verheißung Gottes im Zusammenhang mit dem Zehnten. Ich bin in einer Familie aufgewachsen, in der es üblich war, Gott den Zehnten zu geben. Ich durfte gerade dadurch erfahren, wie wunderbar Gott für uns sorgt und uns alles gibt, was wir brauchen. In meiner Familie haben wir diesen Grundsatz übernommen und dafür überreiche Segnungen des Herrn erlebt.Es bedarf allerdings des Glaubensgehorsams, um diese Erfahrungen machen zu können. Es kostet Überwindung, wenn wir etwas von dem hergeben müssen, was uns gehört. Deshalb fällt es uns auch so schwer, den Zehnten zu geben. Wenn dies bei materiellen Dingen so ist, kann dann der Zehnte nicht auch für die Zeit gelten, die Gott uns gegeben hat?

Darf ein Mensch Gott berauben? "... Bringt den ganzen Zehnten in das Vorratshaus, damit Nahrung in meinem Haus ist! Und prüft mich doch darin, spricht der Herr der Heerscharen, ob ich euch nicht die Fenster des Himmels öffnen und euch Segen ausgießen werde bis zum Übermaß!"

Bringen Sie den ganzen Zehnten Ihrer Zeit dem Herrn und prüfen Sie ihn, ob er Ihnen nicht die Fenster des Himmels öffnen und Zeit "im Übermaß" schenken wird! Gott ist treu; er hält, was er verspricht.

Als Mutter müssen Sie ständig für andere da sein; das ist unabänderlich. Ihr Mann und Ihre Kinder brauchen einen großen Teil Ihrer Zeit. Aber es wird auch noch viele andere Menschen geben, die zu Ihnen kommen und Sie um Rat fragen oder einfach bei einer Tasse Kaffee mit Ihnen plaudern möchten. Wir würden uns wundern, wenn wir sehen könnten, wie viele Küchen auf diese Weise schon zu Beratungszentren für Kinder, Verwandte, Nachbarn oder

Freunde geworden sind und wie viele Tassen Kaffee schon getrunken wurden, während einer dem anderen sein Herz ausgeschüttet hat. Ich wüßte auch gerne, wie viele Stunden schon am Telefon verbracht worden sind bei dem Versuch, den Gesprächspartner dazu zu bewegen, wenigstens noch einen Augenblick länger am Apparat zu bleiben.

Ich glaube, wir Frauen sind mit einer besonderen Kontaktfähigkeit und Empfindsamkeit ausgerüstet, die es uns erleichtert, liebevoll auf andere zuzugehen und ihnen beizustehen, wo immer wir es können. Wenn diese natürliche Veranlagung sich mit Gottes Liebe paart, kann jede Frau zu einem nützlichen Werkzeug in der Hand Gottes werden.

Gott möchte uns im Dienst an unseren Mitmenschen einsetzen, damit wir seine Liebe an sie weitergeben. Aber Vorsicht! Wenn wir die persönliche Stille vernachlässigen, um aus der engen Verbindung mit dem Herrn Kraft und Weisheit zu schöpfen, können wir leicht in eine Falle geraten: wir leben und dienen aus eigener Kraft, und das führt unweigerlich zur Erschöpfung.

Zu Hause zur Besinnung kommen

Sie gehören vielleicht zu den Menschen, die etwas darum geben würden, wenn sie einmal irgendwo drei stille Tage verbringen könnten. Aber Ihre einzige Möglichkeit, ein wenig Ruhe zu haben, besteht vielleicht darin, sich ins Badezimmer einzuschließen. Und selbst dort können Sie nicht völlig ungestört sein, denn Ihre Kleinen sitzen draußen vor der Tür und bitten lautstark um Einlaß ...

Viele junge Mütter haben nicht das Vorrecht, außer Haus ein paar stille Tage verbringen zu können. Vielleicht bekommen sie vom Mann nicht die nötige Unterstützung, oder die Fülle ihrer täglichen Pflichten ist zu groß. Wir müssen uns bewußt machen, daß wir jeden Tag mit Jesus Gemeinschaft haben und seine Liebe persönlich erfahren können, wenn wir uns zu Hause an einen stillen Ort zurückziehen.

Unsere privaten Einkehrstätten können das Bad, das Schlafzimmer, die Küche oder auch der Keller sein. Die Umgebung spielt für Gott überhaupt keine Rolle. Er ist einzig und allein an Ihnen interessiert und möchte mit Ihnen Gemeinschaft haben. Wichtig ist nur, daß Sie auch zur persönlichen Audienz bei Ihrem König erscheinen. Sie werden dadurch erquickt und für die Arbeit zugerüstet, in die er Sie berufen hat.

Ich habe die Herausforderung angenommen und eine persönliche Zeit der Besinnung eingeplant. Nicht weit von meiner Wohnung gibt es ein sehr schönes Jesuitenzentrum, das mir zu einer Erholungsstätte für die Seele geworden ist. Noch kostbarer jedoch sind jene Zeiten der Stille, die ich an jedem Tag mit meinem Herrn verbringe. Weil ich bereit bin, auf die Stimme meines himmlischen Vaters zu hören, lerne ich, seinen Willen zu tun.

Ruhe mitten im Sturm

1980 war ein Jahr, in dem mein Leben mit rasanter Geschwindigkeit verlief und einfach nichts zu gelingen schien. Ich war dem Zusammenbruch nahe. Heute läuft in meinem Leben alles sechsmal so schnell ab, trotzdem bin ich fähig, mit all dem Druck fertigzuwerden. Mit drei Kindern, die studieren, einer Tochter, die bald heiraten wird, einem Sohn, der noch zur Schule geht und einem goldigen Vierjährigen, halte ich Bibelstunden, leite Konferenzen, schreibe Bücher, führe den Haushalt und sorge dafür, daß in unserer Familie das Feuer der Liebe nicht erlischt. Ich habe sehr viel zu tun, und dennoch ist mein Leben von Frieden, Ruhe und Freude erfüllt. Trotz des hohen Tempos bin ich fähig, den Anforderungen des Alltags gerecht zu werden. Möchten Sie mein Geheimnis wissen? Es sind die kostbaren Stunden der Stille, in denen mich der Herr emporträgt über alles, was mir Not macht und mich neu erquickt.

Einen Bekannten, der von Beruf Pilot ist, fragte ich einmal nach der Startgeschwindigkeit eines Düsenjets. "Etwa 160 km/h", antwortete er. Dann fuhr er fort: "In einer Flughöhe von etwa 9000 m beträgt die Geschwindigkeit aber schon 960 km/h - also sechsmal so viel."

Ist es nicht eigenartig, daß bei höherer Geschwindigkeit größere Ruhe herrschen kann? Ich glaube, das ist ein schönes Bild für ein vom Heiligen Geist erfülltes Leben. Wir können viel zu tun haben und dennoch ein geordnetes Leben führen. Das Geheimnis liegt darin, daß wir Gott mit auf unsere Höhenflüge nehmen. In Bodennähe erscheint uns die Geschwindigkeit, mit der wir uns bewegen, rasend. Nicht die viele Arbeit ist schuld an unserer Erschöpfung, sondern der Mangel an persönlicher Stille vor Gott. In dieser Zeit der Abgeschiedenheit erfahren wir den Willen des Vaters für unser Leben und erkennen, daß wir ohne ihn nichts sind. Die Lösung unseres Zeitproblems besteht darin, daß wir uns in die Gegenwart Gottes, in die Stille zurückziehen, um auf seine Stimme zu hören. Unterschätzen Sie bitte niemals die Wichtigkeit dieses Alleinseins mit Gott! Je mehr Sie zu tun haben, desto mehr Zeit müssen Sie mit ihm verbringen.

Ich glaube, eine Mutter braucht das ebensosehr wie jeder Pastor, Lehrer oder Evangelist. Wir sind für das Leben von Menschen verantwortlich. Wir halten die Zukunft unserer Welt in den Armen und auf unserem Schoß. Sie dienen der Welt, indem Sie Ihrer Familie dienen. Welch ein wichtiger Auftrag!

Möchten Sie mehr aus Ihrer Zeit machen? Investieren Sie sie in Ihre Beziehung zu Jesus, und Sie werden sehen, wie er Ihnen "die Fenster des Himmels öffnen" und Segen über Sie ausgießen wird "bis zum Übermaß" (Maleachi 3,10).

Wir müssen Gott suchen, und wir können ihn nicht finden, wo es laut und hektisch zugeht. Gott ist ein Freund der Stille. Schauen Sie, wie alles in der Natur - die Bäume, die Blumen, das Gras - in der Stille wächst. Betrachten Sie die Sterne, den Mond und die Sonne, wie sie still ihre Bahnen ziehen. Ist es nicht unser Auftrag, den Armen in den Slums Gott zu verkündigen? Nicht einen toten Gott, sondern einen lebendigen, liebenden Gott. Je mehr wir im stillen Gebet empfangen, desto mehr können wir in unserem tätigen Leben geben. Wir brauchen die Stille, um Seelen gewinnen zu können. Es kommt nicht auf das an, was wir sagen, sondern auf das, was Gott zu uns und durch uns sagt. All unsere Worte sind unnütz, wenn sie nicht von innen kommen. Worte, die nicht das Licht Christi weitergeben, verschlimmern nur die Finsternis.

Mutter Teresa

X

Erstens Ehefrau, zweitens Mutter

In der eigenen Familie ist es am schwersten, sich als Christ zu bewähren. Unsere menschliche Natur redet uns ein, unsere eigenen Rechte seien wichtiger als die der anderen. Werden unsere Rechte angetastet, sind wir sofort dabei, sie zu verteidigen. Hören wir, was der Herr jedem Familienmitglied zu sagen hat: "Zieht nun an ... herzliches Erbarmen, Güte, Demut, Milde, Langmut. Ertragt einander und vergebt euch gegenseitig" (Kolosser 3,12 13). Wenn diese Eigenschaften Christi von allen in der Familie ausgelebt werden, wird das Heim zu einer Zufluchtsstätte für alle Beteiligten, zu einem Ort, wo Jesus lebt und liebt, zu einem wertvollen Übungsgelände und zu einer der wichtigsten Werkstätten des Heiligen Geistes.

Es ist offensichtlich, daß gerade die Familie eine bevorzugte Zielscheibe Satans ist. Seine Methoden sind hinterlistig und raffiniert. Er schreckt vor nichts zurück, um Gottes gute Ordnungen zu zerstören. Er weiß sehr wohl, daß in der christlichen Familie Hilfsbereitschaft, Pflichtbewußtsein, Vergebung, Liebe, Gehorsam, Fürbitte, Demut und viele Eigenschaften Christi den Mitgliedern ans Herz gelegt werden, vor allem den Kindern. Wenn Satan die Ordnung der christlichen Familie zerstört, trifft er damit die Keimzelle geistlicher und menschlicher Existenz.

Wir Mütter müssen gerüstet sein, unsere Familie vor den Angriffen der Welt und des Teufels zu schützen. Als moderne Nehemias müssen wir darauf vorbereitet sein, fest zu stehen, in der einen Hand das Schwert des Geistes (das Wort Gottes) und in der anderen die Werkzeuge des Heiligen Geistes, um unser Haus zu verteidigen und immer wieder an seinem Wiederaufbau zu arbeiten.

Ich kann gar nicht genug betonen, wie wichtig es ist, daß sich Mütter dieser Tatsache bewußt sind. Die Mutter ist das Herz der Familie. Sie gibt den Ton an. Wenn ihr die Familie nicht wichtiger ist als ihre anderen Aktivitäten und Verpflichtungen, stiftet sie zu Hause Verwirrung und Unordnung; es besteht sogar die Gefahr, daß die Familie eines Tages völlig auseinanderfällt.

Die geordnete Familie

Gottes Ordnung in der Familie fängt mit Christus an. Er nimmt den ersten Platz ein. Wir müssen wissen, "daß der Christus das Haupt eines jeden Mannes ist, das Haupt der Frau aber der Mann, des Christus Haupt aber Gott" (1. Korinther 11,3). Jesus soll das Haupt des Hauses sein und die oberste Instanz. Das ist es, was ein christliches Heim von anderen unterscheidet. Die Eltern suchen in all ihren Entscheidungen Weisung bei Jesus. Seine Herrschaft wird anerkannt, und die Familienmitglieder unterstellen sich seiner Autorität.

Die Bibel sagt weiter, daß der Mann "das Haupt der Frau" sein soll (Epheser 5,23). In der heutigen Gesellschaft wird dieser Grundsatz sträflich vernachlässigt. Er scheint veraltet zu sein. Wo dieses Thema angesprochen wird, gibt es empörte Reaktionen, selbst unter gläubigen Frauen. "Niemand soll über mich herrschen", heißt es dann. Doch gerade dieser Grundsatz bringt - richtig verstanden, akzeptiert und in die Praxis umgesetzt - Ordnung in die Familie.

Der Mann als Haupt der Familie soll kein Tyrann sein. Er besitzt keinen höheren Stellenwert als die anderen (Galater 3,28; 1. Mose 2,24). Er soll die Familie in Liebe leiten und die Bedürfnisse der Familie, vor allem die seiner Frau, über seine eigenen stellen. Ein Mann soll seine Frau so lieben, wie Christus die Gemeinde geliebt und sich selbst für sie hingegeben hat (Epheser 5,25).

Die schwächeren Gefäße

In 1. Petrus 3,7 werden die Männer ermahnt, verständnisvoll mit ihren Ehefrauen umzugehen. Sie werden als das "schwächere Gefäß" bezeichnet, und sie sollen geehrt werden als "Miterben der Gnade des Lebens". Viele Frauen empfinden das als eine Beleidigung; sie verstehen die Bibelstelle als Wertminderung der Frau.

Der Begriff "schwächeres Gefäß" enthält jedoch kein Werturteil. Wir Frauen wissen, daß wir zu großer emotioneller Kraft und Stärke fähig sind. Wir sind oft stark, wo unsere Männer schwach sind. Der Ausdruck "schwächeres Gefäß" wird gebraucht, damit die Männer verstehen, welch hohen, bedeutsamen Ehrenplatz die Frau im Hause einnehmen soll. Im jüdischen Haushalt waren viele verschiedene Gefäße im Gebrauch. Große, vielfach benutzte robuste Wasserkrüge gehörten dazu, die man am Hauseingang aufstellte, und mit denen nicht gerade sanft umgegangen wurde. Andere Gefäße waren empfindlicher. Sie fanden als Vasen und Behälter für wertvolle Schmuckstücke Verwendung. Wegen ihrer Schönheit und Empfindlichkeit erhielten sie im Haus einen Ehrenplatz und wurden sorgfältig gehütet.

Erkennen Sie die symbolische Bedeutung? Als Frauen werden wir als schöne, empfindliche, zerbrechliche Gefäße beschrieben, die Kostbares enthalten. Unsere Männer werden von Gott ermahnt, uns vor jeder falschen Behandlung zu schützen und uns zu Hause einen Ehrenplatz einzuräumen.

Wenn der Mann das Haupt der Frau sein soll, dann geht es dabei nicht um Fragen wie Status, Gleichberechtigung oder Überlegenheit. Hier wird die verschiedene Aufgabenverteilung angesprochen. Ich erfülle im Leben meiner Familie eine andere Aufgabe als mein Mann. Meine Aufgabe schmälert nicht meinen Status; es bedeutet keineswegs, daß ich unterlegen oder gar minderwertig bin.

Ein williger Dienst

Gott verlangt von uns, daß wir uns als Ehefrau dem Mann in Liebe unterordnen als dem Herrn (Epheser 5,22, Philipper 2,5 9; Kolosser 3,18; 1. Petrus 3,1). Das ist keine "Herr-Sklave-Beziehung", sondern eine Beziehung, die ein dienendes Herz erfordert. Ein Sklave hat keine Wahl und keinen freien Willen. Ein Diener hingegen unterstellt sich freiwillig der Autorität seines Herrn.

Demut und Unterordnung werden in unserem Herzen geboren. Es ist "der verborgene Mensch des Herzens im unvergänglichen Schmuck des sanften und stillen Geistes, der vor Gott sehr köstlich ist" (1. Petrus 3,4).

Unterordnung zeigt sich in unserer Bereitschaft zum Dienen. Diese demütige Haltung wird in Philipper 2,3 beschrieben.

> *... daß ihr ... nichts aus Eigennutz oder eitler Ruhmsucht tut, sondern daß in der Demut einer den anderen höher achtet als sich selbst; ein jeder sehe nicht auf das Seine, sondern ein jeder auch auf das der anderen.*

Wir reden uns ein, daß sich Unterordnung nur in niedrigen Diensten zeigt, die uns zuwider sind. "Meinen Sie, es ist meine Sache, immer seine dreckige Unterwäsche und seine schmutzigen Socken wegzuräumen? - Soll das heißen, ich habe in Familienangelegenheiten gar nichts zu sagen: wie wir unsere Kinder erziehen, wofür wir unser Geld ausgeben oder wo wir Urlaub machen? Nein danke, ich möchte kein Fußabtreter sein!"

Wir bekommen es mit der Angst zu tun, wenn wir dazu aufgefordert werden, einen Glaubensschritt in Richtung Demut zu tun. Unsere vorgefaßten Meinungen und Ängste hindern uns daran, die Segnungen der Unterordnung zu empfangen, die Gott für uns bereithält. Bedenken Sie: Unterordnung ist viel mehr eine Herzensangelegenheit als eine Tätigkeit. Wenn wir uns im tiefsten darauf einstellen, gibt uns Gott die Weisheit, entsprechend zu leben.

Verwirrung, Zeitverschwendung und Kräfteverschleiß gibt es da, wo die Frau sich weigert, Gottes Ordnung für ihre Familie zu akzeptieren. In ihrer Widerspenstigkeit läßt sie es zu, daß sie als das "schwächere Gefäß" in die Position jener großen, schweren, dicken Wassertöpfe aus den jüdischen Haushalten gedrängt wird. Sie werden gestoßen und manchmal mit Füßen getreten. Eine zarte Vase hält einer solchen Behandlung nicht stand. Sie wird eines Tages zerbrechen.

Mein Mann ist der geborene Führer. Er hat deutsche Vorfahren, was vielleicht erklärt - oder auch nicht - , weshalb er so gerne der Herr im Hause ist. Schon zu Beginn unserer Ehe war das so, aber damals begehrte ich dagegen auf. Ich erinnere mich noch gut an die Schwierigkeiten, mit denen wir damals zu kämpfen hatten. Nach vielen Ehejahren bin ich endlich so weit gekommen, daß ich seine liebevolle Führung und den damit verbundenen Schutz, die Rücksichtnahme, die Liebe und Freiheit zu schätzen weiß.

Obwohl er das von Gott eingesetzte Haupt unserer Familie ist, muß ich ihn daran erinnern, daß jedes Haupt auf einem Hals sitzt und daß ich dieser Hals bin, der das Haupt bewegt. Ich übe großen Einfluß auf ihn aus, und ich habe im Laufe der Jahre gelernt, wie wichtig ich für alle bei uns zu Hause getroffenen Entscheidungen bin.

Die Rolle der Kinder

Wo der Mann das Haupt der Frau ist und die Frau sich ihrem Mann in Liebe unterordnet, unterstehen die Kinder sowohl der väterlichen als auch der mütterlichen Autorität. Kein Elternteil genießt höhere Rechte. Es geht ausschließlich um eine feste Ordnung und Aufgabenverteilung.

Nach Gottes Plan sollen Kinder eine Ehe segnen, nicht zerstören. Oft lassen es Ehepartner aber dazu kommen, daß die Kinder die eheliche Harmonie beeinträchtigen. Dies geschieht zum Beispiel, wenn die Rangordnung gestört wird und die Kinder über den Ehepartner gestellt werden. Enttäuschung, Verwirrung sowie unnötiger Zeit- und Kräfteverlust sind die Folge.

Viele Ehemänner werden automatisch zurückgesetzt, sobald Kinder kommen. Während seine Frau ihm einst aufmerksam zuhörte, selbst wenn er Unbedeutendes von sich gab, zeigt sie nun kaum noch Interesse. Früher achtete sie sorgsam auf ihr Äußeres. Jetzt empfängt sie ihn mit ungekämmtem Haar; die Jeans sind alt und ausgewaschen, und das T-Shirt zeigt noch die Spuren von Babys letzter Mahlzeit ... Alle Bewunderung, die sie einst ihm geschenkt hatte, gilt nun den Kindern und all den drolligen Dingen, die sie sagen und tun.

Gleichzeitig bekommt die Frau zu spüren, wie schwer es ist, Mutter von Kleinkindern zu sein. Sie beginnt, ihren Mann zu beneiden, der offenbar eine Menge Zeit zur freien Verfügung hat, während sie sich wie eine Gefangene in ihren eigenen vier Wänden vorkommt. Früher bewunderte sie ihr Mann, war rücksichtsvoll und aufmerksam. Jetzt ist alles ganz anders. Die Zeitung, das Fernsehen und außerhäuslische Aktivitäten werden ihm zusehends wichtiger. Sie fühlt sich ausgenutzt, zu wenig anerkannt und ungeliebt. Diese Gefühle wirken sich gewöhnlich auch auf ihre sexuelle Beziehung aus. Es mag das erste sein, woran er denkt, während es bei ihr das allerletzte ist. Kopfschmerzen, Erschöpfung und Müdigkeit werden vorgeschoben, und an die Stelle von Liebe und Geborgenheit schleichen sich Unmut und Bitterkeit ein.

Am Anfang unserer Ehe ermutigten wir uns gegenseitig und hörten aufmerksam zu, wenn der andere versuchte, seine Gefühle zu beschreiben. Unsere Welt drehte sich nur um uns selbst. Wir bauten

Luftschlösser, zählten unsere Groschen zusammen und schmiedeten Pläne. Wir wollten für Christus die Welt auf den Kopf stellen.

Unser erstes Kind, Paul, wurde in unserem zweiten Studienjahr geboren. Der Arzt sagte nach der Entbindung: "Er sieht aus, als würde er einmal General." Der Doktor hatte recht. Vom Zeitpunkt seiner Geburt an übernahm Paul das Kommando; er forderte unsere ganze Aufmerksamkeit.

Kurz nach Pauls Geburt kamen meine Eltern zu Besuch. Es war nicht zu fassen: ein einziges Baby konnte vier Erwachsene in Schach halten. Paul schrie Tag und Nacht. Nachdem meine Eltern fort waren, schrie er noch ein Vierteljahr lang aus Leibeskräften weiter. Ich hatte mir das Muttersein etwas anders vorgestellt. Paul war ein schwieriges Kind, das viel Aufmerksamkeit, Konsequenz und Liebe erforderte.

In dieser Zeit erhielt ich einen Brief von einer lieben Tante, in dem es hieß:

> *Der junge Papa hat das Gefühl, der am meisten vernachlässigte, der ungeliebteste, am wenigsten beachtete und unwichtigste Mensch der Welt zu sein. Und das ist er auch, wenn ein Baby zur Welt kommt! Er steht an zweiter Stelle; aber mit Geduld, Verständnis und ein wenig gutem Willen wird es nicht lange dauern, und er wird wieder der Erste sein.*

David wurde 17 Monate später geboren, Elisabeth kam 22 Monate nach David zur Welt und John 23 Monate nach Elisabeth. Ich war fix und fertig. Warren war ein guter Vater und versuchte so viel wie möglich zu helfen, aber es war immer zu wenig. Obwohl ich die Kinder und meinen Mann liebte und mich an ihnen freute, wurden Nörgeln und Jammern zu meiner Lieblingsbeschäftigung.

Die häuslichen Spannungen verstärkten sich. Meine Prioritäten waren durcheinander geraten. Ganz oben auf der Rangliste standen die Kinder. Ich arbeitete Tag und Nacht dafür, daß sie sich wohlfühlten und alles bekamen, was sie brauchten. An nächster Stelle kam ich selbst. Ich kämpfte um meine Rechte und rebellierte gegen die Autorität meines Mannes. Ganz unten auf meiner Liste kam Warren. Es schien fast, als wollte ich ihn absichtlich ausschließen. Ich war der Meinung, er könne als reifer Mensch durchaus für sich selbst sorgen und brauche mich nicht! Je mehr ich mich mit den

Kindern beschäftigte, desto mehr Zeit verbrachte Warren bei seiner Arbeit. Es war ein Teufelskreis.

Wir redeten nur noch oberflächlich miteinander. Anstatt über unsere Gefühle zu sprechen, berichteten wir uns gegenseitig nur noch, was während des Tages vorgefallen war. Warren war nicht daran interessiert, wie oft Paul Elisabeth hänselte oder daß John endlich gelernt hatte, seine Spielsachen aufzuräumen. Er wollte, daß ich *ihm* Beachtung schenkte, während ich mich nach *seiner* Liebe und Ermutigung sehnte. Was interessierten mich die jungen Hühner, die Warren gerade für das Landwirtschaftsprojekt der Mission bestellt hatte.

Wir waren wie zwei Fremde. Beschäftigt mit unseren eigenen Gedanken und Bedürfnissen, nahmen wir uns keine Zeit mehr, verständnisvoll aufeinander einzugehen. Das waren schwierige Jahre in unserer Ehe. Ich glaube, den meisten jungen Paaren ergeht es ähnlich. Ich war in erster Linie Mutter und dann erst Ehefrau, weil ich die Bedürfnisse meiner Kinder über die meines Mannes stellte.

Ein Notfall!

Es war in Neuguinea, an einem ganz gewöhnlichen Morgen. Der Tag dämmerte herauf, und man hörte die Hähne krähen. Warren war wach, lag aber seltsam bewegungslos neben mir. Auf seiner Stirn standen Schweißperlen. Ich ahnte, daß etwas nicht stimmte. "Warren, ist mit dir alles in Ordnung?" fragte ich ängstlich. Mit schwacher, zitternder Stimme antwortete er: "Elise, ich habe furchtbare Schmerzen und kann mich nicht bewegen. Ich weiß nicht, was mit mir los ist. Am besten, du rufst per Funk einen Arzt."

Panik ergriff mich. Es war 6 Uhr morgens. Vor 7.30 Uhr würde ich niemand erreichen können. Während wir warteten, wurden seine Schmerzen zusehends stärker. Ab und zu verlor Warren kurz das Bewußtsein. Höchste Eile war geboten.

Die Kinder erwachten allmählich auch. Sie spürten, daß etwas nicht in Ordnung war und wollten nicht von meiner Seite weichen. Trotz dieses Durcheinanders versuchte ich ruhig zu bleiben und alles der Reihe nach zu erledigen. Mein Tempo wurde jedoch immer schneller. Vieles mußte getan werden, bevor wir die Station verlassen konnten. Ich wußte, wenn wir erst einmal unterwegs waren, würden viele Wochen bis zu unserer Rückkehr vergehen. Alles mußte geregelt werden: Ich mußte jemanden finden, der die Hühner und Enten versorgte, den Kühlschrank abschalten und reinigen, Koffer packen und schmutzige Windeln waschen. Obwohl ich fieberhaft arbeitete, kreisten meine Gedanken unentwegt um meinen Mann. Was wäre, wenn er starb?

Die Zeit, bis ich um Hilfe rufen konnte, erschien mir wie eine Ewigkeit, doch als ich endlich jemanden erreichte, war mir der Klang vertrauter Stimmen am anderen Ende ein großer Trost. "'Sierra Charlie' an alle. Könnt ihr mich hören? Mein Mann ist sehr krank und muß ins Krankenhaus gebracht werden. Es handelt sich um einen Notfall. Ich brauche Hilfe!" Sofort wurde ich mit unserem Missionsarzt verbunden. Erstaunlicherweise war ich noch fähig, klar zu denken, während wir über die Symptome sprachen und darüber, wie es weitergehen sollte. Gottes Kraft war mir spürbar nahe. Obwohl alle vier Kinder weinten, die Ipili-Leute Warren vor seinem Tod unbedingt noch einmal sehen wollten, um ihn zu beweinen, und Warren so starke Schmerzen hatte, daß er stöhnte, war ich noch fähig, meinen Haushalt und die Familie auf den unvermeidlichen Abtransport per Hubschrauber vorzubereiten.

Die tröstende Stimme des Arztes fiel in das Durcheinander, das mich umgab. "Wir haben einen Hubschrauber bestellt, der Warren zur Landepiste der Pogera fliegt. Von dort wird ihn eine kleine einmotorige Maschine in ein Krankenhaus an der Küste von Neuguinea bringen. Es gibt nur ein Problem: Das Flugzeug ist sehr klein, und es kann nur Ihren Mann, Sie und Ihren jüngsten Sohn mitnehmen. Wenn Sie Ihren Mann begleiten möchten, müssen Ihre anderen Kinder in der Pogera bleiben. Im Flugzeug ist für sie kein Platz."

Mann oder Kinder?

Natürlich wollte ich Warren begleiten. Aber meine Kinder alleine lassen? Das war unmöglich; es gab niemanden, dem ich sie hätte anvertrauen können. Hatte der Doktor vergessen, in welcher Lage wir uns befanden? Wußte er nichts über den Urwald und über das Leben auf solchen entlegenen Stationen? Ich fühlte mich hin- und hergerissen.

Gott, der um meine Bedrängnis wußte, zeigte mir eine Lösung. Karen und Paul Vollrath wohnten oben auf dem nächsten Berg, etwa dreieinhalb Stunden Fußmarsch von uns entfernt. Von ihrer Wohnung bis zur Landepiste waren es nur eineinhalb Stunden. Wenn ich meine Kinder zur Landepiste bringen würde, könnten sie sie von dort abholen.

Ich setzte mich per Funk mit ihnen in Verbindung. Ja, sie würden einspringen. Der einzige Haken dabei war, daß wir unsere Kinder auf der Landepiste für etwa eine Stunde in der Obhut Einheimischer lassen mußten. Offenbar gab es keine andere Wahl.

Bald hörten wir über uns das Dröhnen des landenden Hubschraubers. Der erste Flug bestand aus unserem Gepäck und den drei älteren Kindern. "Paul", sagte ich, "Mama muß dich vielleicht mit David und Elisabeth auf der Landepiste zurücklassen. Mama muß mit Papa ins Krankenhaus fliegen. Wirst du auf David und Elisabeth aufpassen und dafür sorgen, daß sie nicht davonlaufen? Laßt euch von keinem mitnehmen, außer von Karen und Paul. Sie werden bald kommen und euch abholen." Paul hatte mich anscheinend verstanden, aber er war erst fünf Jahre alt. War es fair von mir, ihm eine so große Verantwortung zu übertragen? Ich küßte und umarmte jeden einzelnen, als sie tapfer in den Hubschrauber stiegen. Als er außer Sichtweite war, konnte ich meine Tränen nicht mehr zurückhalten. Zum ersten Mal war ich von ihnen getrennt. Wie konnte ich sie nur alleine lassen? Wie lange würde es dauern, bis ich sie wiedersehen konnte? Würde ich sie überhaupt je wiedersehen?

Glücklicherweise blieb mir nicht viel Zeit zum Grübeln. Der Hubschrauber kam bald zurück. Warren, der sich noch immer krümmte vor Schmerzen, wurde auf einer Bahre hinausgetragen und an Bord gebracht. Es dauerte nur wenige Minuten, bis wir die Landepiste erreichten, wo uns das Flugzeug bereits erwartete. Als wir es in aller Eile beluden, erblickte ich auf einem Hügel in der Ferne unsere drei Kinder. Paul, unser Fünfjähriger, hatte seinen Arm um David gelegt (er war damals erst vier), und David hielt die zweijährige Elisabeth umfaßt. Wie schwer fiel es mir doch, sie alleine zu lassen! Ich war ihre Mutter. Sie brauchten mich. Aber noch etwas ging mir nicht aus dem Sinn: "Warren braucht mich auch. Ich bin seine Frau, in guten und in schlechten Tagen, in

Krankheit und in Gesundheit, bis daß der Tod uns scheidet." In erster Linie mußte ich mich um meinen Mann kümmern.

Warren war bereits im Flugzeug, und der Pilot gab mir ein Zeichen, an Bord zu gehen. Ich fühlte mich hin- und hergerissen: War ich in erster Linie Mutter oder Ehefrau? Ich wollte zu meinen Kindern laufen, aber etwas in mir war stärker und veranlaßte mich, den Blick abzuwenden und nicht mehr zurückzuschauen. Als ich das Flugzeug bestieg, vertraute ich meine Kinder dem besonderen Schutz des Herrn an.

Die Landepiste, von der ich abflog, war kein Flugplatz im üblichen Sinn. Es handelte sich einfach um ein flaches, gerodetes Stück Land mitten im Urwald, auf dem Flugzeuge landen konnten. Es gab keine Schnellrestaurants; keine Raststätten mit Aufenthaltsräumen und Getränkeautomaten; keine hübschen schattigen Plätzchen, die Schutz vor der glühenden Sonne boten. Wir waren im Urwald - eine wahrlich unzivilisierte Gegend für westliche Verhältnisse.

Hätten Sie sich in meiner damaligen Lage wohl ebenso verhalten? Ich weiß es nicht, aber ich mußte einfach so handeln; und Gott in seiner unendlichen Gnade gab mir die nötige Kraft dazu. Gott bewahrte meine Kinder. Unsere Freunde Karen und Paul trafen etwa zwei Stunden nach unserem Abflug an der verabredeten Stelle ein. Unsere Kinder waren von vielen Ipilis umringt, die sich köstlich zu amüsieren schienen. David und Elisabeth waren die Attraktion des Tages. Sie sangen, tanzten und alberten herum, und das gefiel den Ipilis offensichtlich. Gott hatte wunderbar für die Kinder gesorgt!

Nach unserer Ankunft im Krankenhaus wurde Warren sofort operiert. Wir danken und preisen Gott, daß er Warren am Leben erhalten hat. Drei von sechs Wochen, die mein Mann insgesamt im Krankenhaus verbrachte, war ich seine private Krankenschwester. Während dieser Zeit verliebte ich mich wieder ganz neu in ihn. Er brauchte mich, und mir wurde klar, wie sehr ich ihn brauchte. Weil wir einmal ohne die Kinder waren, die uns sonst so oft in Anspruch nahmen, hatten wir jetzt Gelegenheit, stundenlang miteinander zu sprechen und dabei unsere verschütteten Gefühle auszugraben. Warren wußte, daß ich mich für ihn entschieden hatte. Er hatte wieder den Platz, der ihm gebührte. Die Frage war nicht, wen ich mehr liebte - die Kinder oder ihn. Es war vielmehr eine Frage der Prioritäten. Er mußte der Erste sein. Ich war zuerst Ehefrau.

Die tägliche Entscheidung

Vielleicht ging Ihre Ehe noch nie durch eine solch dramatische Prüfung, doch jeden Tag steht die Frage vor uns, ob wir unseren Mann so ehren, wie Gott es von uns wünscht, oder ob wir mit Bitterkeit, Groll oder gar Wut gegen ihn erfüllt sind. Eine englische Bibelübertragung (Amplified Bible) gibt 1. Petrus 3,2 sinngemäß mit folgenden Worten wieder:

> *Du sollst für ihn alles empfinden, was zur Ehrerbietung gehört: ihn respektieren, ihm nachgeben, ihn verehren. Verehren bedeutet: achten, anerkennen, würdigen und ihn (im übertragenen Sinn) anbeten. Den Ehemann "anbeten" bedeutet: ihn bewundern, ihn rühmen, ihm ergeben sein, ihn aufrichtig lieben und Freude an ihm haben.*

Das ist eine lange Anweisung für jede Ehefrau, und sie zu beherzigen, erfordert Weisheit. Sie können diesen Anforderungen nur entsprechen, wenn Sie Ihr Leben ganz der Herrschaft Christi unterstellen. Indem wir lernen, Jesus zu verehren, zu achten, anzubeten, zu würdigen, zu lieben und ihm ergeben zu sein, lernen wir, die gleiche Ehrerbietung auch unserem Mann zu erweisen. Wenn wir Jesus lieben, lernen wir auch unseren Mann lieben. Deshalb ist es so wichtig, daß Jesus in unserem Leben den ersten Platz einnimmt.

Als Ehepaar müssen Sie sich Zeit füreinander nehmen. Das kann ein gemeinsames Wochenende oder ein Abendessen zu zweit sein. Vielleicht meinen Sie, Sie könnten sich das nicht leisten, aber glauben Sie mir: Sie können es sich nicht leisten, darauf zu verzichten. Sie müssen sich Zeit nehmen, Ihre Gefühle auszudrücken, Zärtlichkeiten auszutauschen und die körperliche Liebe miteinander zu genießen. In gleicher Weise, wie Sie die persönliche Zeit mit dem Herrn brauchen, müssen Sie auch Zeit einplanen, in der Sie mit Ihrem Ehemann alleine sind. Warten Sie nicht darauf, daß er den ersten Schritt tut. Überraschen Sie ihn doch einmal und lassen Sie ein Hotelzimmer reservieren. Kaufen Sie sich ein hübsches Nachthemd. Er wird völlig überrascht und hocherfreut sein. Einander lieben lernen erfordert Zeit, aber es lohnt sich. Sie bekommen es tausendfach zurück.

Zeit für den Ehepartner

Sie und Ihr Mann brauchen jeden Tag eine gewisse Zeit, in der Sie miteinander alleine sind. In Neuguinea war es für Warren und mich nicht möglich, auswärts ein Rendezvous zu haben. Wir mußten uns daher etwas einfallen lassen, wenn wir alleine sein wollten. Eine der Regeln, die wir zu Hause aufstellten, war, daß uns die Kinder nicht unterbrechen durften, wenn wir miteinander sprachen. Wollten wir völlig ungestört sein, führten wir unsere Gespräche oft im Schlafzimmer. Wir schlossen die Tür ab, und die Kinder mußten draußen bleiben und auf uns warten.

Auf unseren Spaziergängen ließen wir die Kinder oft vor oder hinter uns herlaufen, damit wir in Ruhe miteinander reden konnten. Zu den kostbarsten Augenblicken gehörte die Zeit nach dem Abendessen, in der wir vor dem Haus saßen und die herrlichen Sonnenuntergänge beobachteten. Die Schönheit des Abends weckte den Lobpreis Gottes in uns und ließ unsere Herzen neu füreinander entbrennen.

Sind Sie bereit, Ihre Kinder dem Schutz des Herrn anzubefehlen? Wollen Sie ernsthaft an der Beziehung zu Ihrem Ehemann arbeiten und ihn an die erste Stelle setzen? Ihre Kinder werden nicht darunter leiden - ganz im Gegenteil! Kinder, die in einer Familie aufwachsen, in der die Rangordnung stimmt, sind glückliche Kinder. Es gehört zum Besten, was Sie für sie tun können.

Das mag einen Glaubensschritt erfordern; vor allem, wenn Sie meinen, Ihren Mann nicht mehr zu lieben, oder wenn Sie sich ausgenutzt und nicht anerkannt fühlen. Bitten Sie Gott, Ihnen ein Herz voll Mitgefühl und Liebe für Ihren Mann zu schenken, ein Herz, das seine Schwächen und Fehler übersieht und jene Stärken wiederentdeckt, die Ihnen am Anfang so an ihm gefallen haben. Sind sie nicht immer noch da? Wenn Sie sich entschließen, Ihren Mann über Ihre Kinder und über sich sclbst zu stellen, dann erfüllen Sie den Willen Gottes. Er wird Sie reichlich dafür segnen.

Dieser Lernprozeß ist nicht einfach. Der Herr weiß, wie sehr wir uns dagegen auflehnen, und dennoch sind sein Erbarmen, seine Liebe und Stärke für jeden von uns da. Wir können uns beschenken lassen. Nehmen Sie die Herausforderung an. Sie werden staunen, was Gott für Sie bereithält! Wenn in Ihrem Heim die Ordnung Gottes regiert, wird auch in Ihr Leben Ordnung einziehen.

XI

Niemand kann alles tun

Dannys Geburt brachte in unserem Haushalt mit vier munteren Teenagern eine Menge Veränderungen mit sich. Wir als Eltern mittleren Alters hatten uns in vieler Hinsicht umzustellen, und auch unsere Wohnung mußte den veränderten Verhältnissen angepaßt werden. Wohin mit dem Kinderstuhl, der Wiege, dem Laufställchen und allen anderen Babyartikeln? Wir fanden schließlich einen Platz für alles, aber fast täglich gab es Veränderungen, weil wir unser Leben erst auf die Bedürfnisse dieses uns von Gott geschenkten Menschleins einstellen mußten.

So störrisch unsere Teenager oft in ihrem Verhältnis zueinander oder zu uns Eltern waren, wenn es um Danny ging, waren sie die Liebenswürdigkeit persönlich. Durch seine Hilflosigkeit fühlten sie sich geliebt und gebraucht. Wenn sie aus der Schule kamen, freuten sie sich schon auf das Wiedersehen mit ihm. Wenn sie traurig waren, gab er ihnen bereitwillig die Streicheleinheiten, die sie brauchten. Als ich diese Wechselwirkung erkannte, dankte ich Gott für den Segen, den er durch Danny in unsere Familie gebracht hatte.

Gleichzeitig mit den positiven Auswirkungen bewahrheitete sich aber auch die Aussage, daß ein Baby etwa 40 Prozent mehr Arbeit mit sich bringt. Die bloße Tatsache, ein Baby zu haben, bedeutete noch lange nicht, daß mein Leben einen völlig anderen Lauf genommen hatte. Noch immer hatte ich vier aufgeweckte Teenager, mußte mich an Fahrgemeinschaften und Schulveranstaltungen beteiligen und mit den Launen meiner Großen fertig werden. Offenbar brauchten sie mich jetzt mehr denn je.

Mein einst so ordentliches Haus spiegelte allmählich meine innere Unordnung wider. Ich vernachlässigte nicht nur meine täglichen und wöchentlichen Pflichten, ich war auch zu nachsichtig, wenn es darum ging, Hilfe von meinen Kindern zu verlangen. Es kostete einfach zu viel Kraft, sie von der Notwendigkeit ihrer täglichen Pflichten zu überzeugen.

Eine freundliche Herausforderung

Kurz vor Weihnachten bekam ich überraschend Besuch. Es war eine Bekannte, die an meinem Kurs "Zeitmanagement für die gestreßte Mutter" teilgenommen hatte. Etwas zögernd lud ich sie ein, hereinzukommen. Die Wohnung befand sich in einem ziemlichen Durcheinander. Der Küchentisch war noch nicht abgeräumt, in der Spüle befand sich noch das Frühstücks- und Mittagsgeschirr und vier Paar Kinderschuhe lagen auf dem Boden des Wohnzimmers verstreut. Zu allem Überfluß saßen meine vier älteren Kinder vor dem Fernseher und sahen ihre Lieblingssendung; das Durcheinander, das sie umgab, schien sie nicht im geringsten zu stören.

Der Fernseher plärrte, und Danny auf meinem Arm schrie aus Leibeskräften. Ich tat mein Bestes, damit sich meine Bekannte wohlfühlen sollte. Meine Verlegenheit blieb ihr nicht verborgen, und so nahm sie mir Danny ab, während ich auf dem Küchentisch ein wenig Platz schuf. Dann versuchte ich, ihr mein Problem zu erklären. "Nur noch zwei Tage bis Weihnachten, und sieh dir das Durcheinander hier an. In meinem Haus geht es drunter und drüber. Ich komme einfach zu nichts. Man sollte meinen, mit vier Kindern, die alt genug sind zum Helfen, müßte hier alles tiptop sein."

Sie hörte meinem Jammern verständnisvoll zu. "Weißt du, im Grunde genommen sind alle Kinder gleich. Normalerweise machen sie keine Arbeit freiwillig. Vor allem Teenager scheinen das Durcheinander zu mögen. Es stört sie nicht so wie uns." Dann begann sie stillvergnügt in sich hineinzulachen. "Ich kannte einmal eine Frau mit Namen Elise, die eine Gruppe von Frauen genau diese Grundsätze lehrte."

Meine eigenen Worte kamen auf diesem Wege zu mir zurück. "Eine disziplinierte Mutter hat disziplinierte Kinder", hatte ich immer gepredigt. Jetzt begriff ich die wahre Bedeutung dieses Satzes. Ich hatte versagt. Ich hatte mir nicht die Zeit genommen, ihnen Aufgaben zu übertragen und meine Autorität als Mutter zu gebrauchen. Sie wußten natürlich nichts von meinem Problem. Ihrer Meinung nach war bei uns zu Hause alles in schönster Ordnung.

Obwohl meine Kinder gelernt hatten, wie wichtig die Arbeit im Haus ist, schien jetzt durch die Teenagerjahre alles wie weggeblasen zu sein. Warum die Kleidung zusammenlegen, wenn man sie doch gleich wieder anzieht? Warum das Bett machen, wenn man nachts wieder darin schläft? Sie versuchten mich zu überzeugen, daß diese Aufgaben von Müttern ausgeheckt worden seien, die ihre Kinder beschäftigen und selbst ihre Ruhe haben wollten. Für sie waren diese Tätigkeiten reine Zeitverschwendung, vor allem, wenn es viel Interessanteres zu tun gab.

Mutter - die Märtyrerin

Anstatt darauf zu bestehen, daß meine Kinder im Haushalt halfen, begann ich die Rolle der Märtyrerin zu spielen. "Lieber mache ich alles selbst, als mir eure Klagen und Ausreden anzuhören", sagte ich, und anstatt meine Wünsche deutlich zum Ausdruck zu bringen, versank ich in Schweigen und Selbstmitleid.

Am Anfang unserer Ehe hatte ich auf diesem Gebiet beträchtliche Auseinandersetzungen mit Warren. Jedes Mal, wenn ich großen Hausputz veranstalten wollte, hatte er anscheinend nichts Besseres zu tun als fernzusehen. Ich wurde richtig wütend, wenn ich ihn auf der Couch liegen sah, während ich mich abrackerte. Ich spielte den Märtyrer - knallte Schranktüren zu, brummte mürrisch in mich hinein und saugte absichtlich unter seinen Füßen Staub, um ihm bewußt zu machen, daß ich hart arbeitete und er nicht. Irgendwann fragte er endlich: "Sag mal, was ist eigentlich mit dir los?"

"Siehst du denn nicht, wieviel ich zu tun habe"? antwortete ich unter Tränen. "Ich arbeite und arbeite, und du denkst gar nicht daran, mir zu helfen!"

"Elise, du brauchst es mir doch nur zu sagen, wenn du Hilfe brauchst. Ich weiß nicht, wann und wie etwas getan werden muß." Zuerst dachte ich, das sei nur eine Ausrede von ihm, um nicht mithelfen zu müssen, aber je mehr ich darüber nachdachte, desto mehr wurde mir klar, daß er recht hatte. Mein Mann war ja kein Hellseher.

Weil das Haus nicht zu seinem Arbeitsbereich gehörte, konnte er wirklich nicht wissen, was zu tun war. Ich brauchte ihn nur auf liebevolle Weise und ohne zu nörgeln um etwas zu bitten, und schon griff er bereitwillig mit zu.

Mit meinen Kindern war es ebenso. Wenn ich Hilfe brauchte, mußte ich es ihnen freundlich aber bestimmt sagen. Ich konnte nicht erwarten, daß sie es freiwillig taten. Sie mußten daran erinnert werden, daß ich ihre Mutter war und sie meiner Autorität unterstanden.

Ich war froh, daß mich meine Bekannte ermuntert hatte, meine Kinder um Hilfe zu bitten. Meine Lage sah plötzlich nicht mehr hoffnungslos aus; auf einmal hatte ich den Wunsch, in die Tat umzusetzen, was ich sie über die Aufgaben im Haushalt gelehrt hatte.

Die endlosen Pflichten einer Mutter

Da in unserer Gesellschaft die Zahl der alleinerziehenden Mütter und Väter sowie der berufstätigen Mütter ständig zunimmt, ist es mehr denn je eine Notwendigkeit, daß die Familienmitglieder einspringen und mithelfen. Trotz Emanzipation und Gleichberechtigung sind es noch immer die Frauen, die in erster Linie für die Versorgung der Kinder und für den Haushalt verantwortlich sind. Die Statistik besagt, daß drei von vier Mahlzeiten und 72 Prozent aller sonstigen Hausarbeiten von der berufstätigen Frau erledigt werden. In Familien, in denen beide Elternteile berufstätig sind, bereitet der Vater nur an jedem 16. Tag das Abendessen zu, und die Kinder tun es einmal pro Woche. Viele Ehemänner, die versprochen hatten, sich an der Hausarbeit zu beteiligen, lassen ihre Frauen jämmerlich im Stich. Für viele berufstätige Frauen ist die Lage ausweglos. Aber nicht nur die berufstätigen Frauen sehen sich dem Problem der Doppelbelastung gegenüber. Auch Mütter, die ehrenamtlich in der Gemeinde, in der Kirche oder im Kinderhort mithelfen, können so beschäftigt sein, als hätten sie tatsächlich zwei Berufe.

Unter diesen Umständen ist es für eine Mutter so gut wie unmöglich, ihre vielen Aufgaben alleine zu bewältigen. Finanziell gutgestellte Frauen lösen dieses Problem, indem sie sich eine Hausangestellte leisten. Auf jeden Fall müssen wir Frauen lernen, einen Teil unserer Arbeit an die übrigen Familienmitglieder zu übertragen. Tun wir das nicht, berauben wir uns selbst um wertvolle Zeit und verweigern unseren Kindern das Vorrecht, gewissenhaft arbeiten zu lernen.

Nach 2. Mose 20,9 10 sollen wir 6/7 arbeiten und 1/7 ruhen. Larry Christenson, Autor von *The Christian Family*, vertritt die Auffassung, daß ein Kind 80 Prozent seiner im Wachzustand verbrachten Zeit arbeiten sollte. Ein Kind schläft täglich durchschnittlich 10 Stunden, bleiben ihm also noch 14 Stunden für alle möglichen Betätigungen. Wenn ein Kind 6 Stunden in der Schule verbringt, 1 Stunde Hausaufgaben macht, 3 Stunden lang im Haushalt hilft und sich auf die Schule vorbereitet und eine Stunde zum Essen braucht, bleiben ihm immer noch 3 Stunden (das sind etwa 20 Prozent seiner im Wachzustand verbrachten Zeit) zum Spielen übrig.

Geben Sie Arbeit ab!

Mose machte dieselbe Erfahrung wie viele Mütter unserer Tage: er hatte zu viel zu tun. In 2. Mose 18 gibt ihm sein Schwiegervater Jitro einige Ratschläge:

> *Als aber der Schwiegervater des Mose alles sah, was er mit dem Volk tat, sagte er: Was ist das, das du mit dem Volk tust? Warum sitzt du allein da, während alles Volk vom Morgen bis zum Abend bei dir steht? ... Du reibst dich auf, sowohl du als auch dieses Volk, das bei dir ist. Die Aufgabe ist zu schwer für dich, du kannst sie nicht allein bewältigen ... Du aber suche dir aus dem ganzen Volk tüchtige, gottesfürchtige Männer aus, zuverlässige Männer, die ungerechten Gewinn hassen, und setze sie über sie: Oberste von Tausend, Oberste von Hundert, Oberste von Fünfzig und Oberste von Zehn, damit sie dem Volk jederzeit Recht sprechen! Und es soll geschehen, daß sie jede große Sache vor dich bringen, jede kleine Sache aber selbst richten. Auf diese Weise entlaste dich, und sie mögen es mit dir tragen! (2. Mose 18,14, 21-22)*

Industriemanager wissen, wie wichtig es ist, Arbeit zu delegieren. Management-Experten empfehlen den Managern, ihre sämtlichen Tätigkeiten aufzulisten und sich zwei Fragen zu stellen: Was tue ich, das nicht getan werden müßte? Was tue ich, das nicht auch ein anderer erledigen könnte?

Als "Haushaltsmanager" sollten wir uns die gleichen Fragen stellen. Schreiben Sie Ihre täglichen und wöchentlichen Pflichten auf. Zu den täglichen Pflichten gehören wahrscheinlich: das Tischdecken, Geschirrspülen und Bettenmachen, während auf der wöchentlichen Liste vielleicht das Staubwischen, Staubsaugen und Blumengießen vermerkt sind. Fertigen Sie eine dritte Liste für besondere Aufgaben an, Aufgaben, die eine Zeitlang warten können, aber irgendwann getan werden müssen, wie z. B. das Fensterputzen, das Abwaschen der Wände und das Säubern der Garage, der Kellerräume sowie der Schränke und Kommoden.

Wenn Sie Ihre Listen durchgehen, überlegen Sie, ob Sie nicht einen Teil Ihrer täglichen Aufgaben wöchentlich und einen Teil Ihrer wöchentlichen Aufgaben einmal im Monat erledigen könnten. Vielleicht stellen Sie jedesmal, wenn Sie staubsaugen, die ganze Einrichtung auf den Kopf; möglicherweise ist das nicht jedesmal notwendig. Beim Durchgehen Ihrer Listen sollten Sie auch überlegen, welche Aufgaben Sie delegieren könnten.

Am Anfang werden Sie dadurch noch keine Zeit gewinnen - im Gegenteil. Wenn ich das Badezimmer putze, schaffe ich es in 20 Minuten. Wenn eines meiner Kinder diese Aufgabe übernimmt, dauert es anfangs doppelt so lange. Dennoch müssen wir der Versuchung widerstehen, alles selbst in die Hand zu nehmen. Die Folgen Ihrer Ungeduld werden Sie später zu spüren bekommen.

Am Anfang werden Ihre Kinder die Arbeit auch nicht so gut tun können wie Sie selbst. Die Betten werden uneben aussehen, die Fenster werden streifig sein, und auf der Anrichte in der Küche werden sich noch immer Krümel finden. Meinen Sie nicht, alles müsse gleich perfekt sein. Geduld zahlt sich aus.

Als Johnny ungefähr vier Jahre alt war, beschloß er einmal, sein Bett ganz allein zu machen. Voller Stolz holte er mich in sein Zimmer, damit ich sein Werk bewundern konnte. Für den ersten Versuch eines Vierjährigen war es recht ordentlich. Während ich ihn lobte, bemerkte ich in der Mitte des Bettes eine große Wölbung. "Ist das dein Schlafanzug?" fragte ich ihn. "Nein", antwortete er mir. "Das ist nur die Katze."

Es ist nicht leicht, die Kinder zu einer Arbeit zu bewegen, die sie nicht gerne tun. Sie werden uns manchmal das Gefühl geben, wir seien die gemeinsten Mütter der Welt. Aber wir sollen ja auch keinen Beliebtheitswettbewerb gewinnen. Vielmehr sollen wir unsere Kinder so erziehen, daß aus ihnen einmal gesunde, lebenstüchtige Erwachsene werden. Das ist eine ernstzunehmende Angelegenheit.

Vor nicht allzulanger Zeit hatte ich eine Auseinandersetzung mit unserem Vierjährigen. Ich bestand darauf, daß er seine Spielsachen aufräumen sollte, aber er weigerte sich. Am Ende siegte ich, aber er wollte sich das nicht so einfach gefallen lassen. Er schaute mir fest in die Augen und sagte: "Weißt du was? Ich mag dich nicht." Ich erwiderte ihm: "Du brauchst mich auch gar nicht zu mögen. Ich bin deine Mutter."

Arbeiten ist gesund. Wenn Kinder arbeiten, steigt ihr Selbstwertgefühl. Es mag mühsam sein, einen Dreijährigen den Teppich staubsaugen oder beim Kuchenbacken helfen zu lassen, aber es ist keine verlorene Zeit. Wenn ein Kind glaubt, etwas geschafft zu haben, wächst auch sein Verantwortungsbewußtsein. Kinder müssen das Gefühl haben, schon richtig mithelfen zu können. Nur durch Arbeit lernt man arbeiten.

Wenn in der Familie alle mithelfen, werden die Familienbande enger zusammengeschweißt. Die Kinder erfahren, daß sie mit ihrer Tatkraft aktiv am Familienleben teilhaben können. Wo alle zusammen arbeiten, wächst das Zusammengehörigkeitsgefühl, und jeder einzelne weiß, daß er gebraucht wird. In unserer Familie erinnern wir uns gerne an jene Zeiten, in denen wir alle an größeren Projekten im Haus zusammenarbeiteten. Gemeinsam gaben wir den Wänden einen neuen Anstrich oder brachten im Frühjahr und Herbst den Garten in Ordnung. Wir arbeiteten zusammen, und es machte uns Spaß.

Arbeit öffnet die Tür zur Verständigung. Als es noch keine Spülmaschinen gab, unterhielt man sich oft beim Geschirrspülen. Aber auch ohne Worte kommt es zu einem Gedankenaustausch. Wenn wir mit unseren Kindern zusammen arbeiten, vermitteln wir ihnen einige der wichtigsten und höchsten Werte des Lebens. Verantwortungsbewußte Erwachsene erhält man nicht einfach, indem man seine Kinder lehrt, den Schlafanzug aufzuhängen oder schmutzige Handtücher in den Wäschekorb zu legen. Sie müssen lernen, für sich selbst und für andere zu sorgen und die täglichen Pflichten als Hinweis darauf verstehen, wie wir mit dieser Welt umzugehen haben, die Gott so wunderbar gemacht hat.

Wie man seine Kinder ans Arbeiten gewöhnt

Ich empfehle allen Müttern, ihren Kindern bereits frühzeitig das Arbeiten beizubringen. Selbst das kleinste Kind kann lernen, seine Spielsachen nach dem Spielen wegzuräumen. Kleinkinder kann man dazu erziehen, ihre Schuhe wegzustellen, Sachen für die Mutter zu holen und Papierkörbe auszuleeren. Jedes meiner Kinder hatte seine eigene Putzmittelflasche. Sie liebten es, die Fenster, den Kühlschrank und den Herd sauberzumachen.

Übertragen Sie ihnen aber immer nur eine Aufgabe zur gleichen Zeit. Die meisten Kinder sind nicht in der Lage, mehrere Befehle gleichzeitig auszuführen. Sind sie älter und ans Arbeiten gewöhnt, können sie vielleicht auch mehrere Dinge hintereinander erledigen.

Geben Sie ihnen nicht nach, wenn sie murren und sich beschweren. Ich kenne kaum ein Kind, das erfreut reagiert, wenn es zum Arbeiten aufgefordert wird. Wenn sich meine Kinder beklagten, wies ich darauf hin, daß Arbeiten den Charakter formt und daß sie Gott dafür segnen werde. Kinder müssen wissen, daß sie nicht nur für mich, sondern auch für Gott arbeiten. "Ob ihr nun eßt oder trinkt oder sonst etwas tut, tut alles zur Ehre Gottes" (1. Korinther 10,31). Schimpfen, Schreien und Nörgeln mag die Kinder zwar manchmal zum Arbeiten bewegen, aber empfehlenswert ist diese Methode nicht. Für Sie ist es anstrengend, für die Kinder erniedrigend, und die persönliche Beziehung, die Sie aufbauen möchten, wird zerstört. Sie werden eher respektiert und erreichen mehr, wenn Sie ruhig aber bestimmt sprechen, die Klagen und Einwände Ihrer Kinder überhören und fest bei dem bleiben, was Sie gesagt haben.

Lassen Sie die Kinder spüren, daß Arbeiten etwas Gutes ist. Machen Sie ihnen klar, wie wohl sie sich fühlen werden, wenn sie ihre Arbeit getan haben. Sie werden stolz auf sich sein. Wenn die Zimmer meiner Kinder sauber und aufgeräumt sind, halten sie sich viel lieber darin auf. Sie werden die Fenster bewundern, die sie soeben geputzt und den Rasen, den sie soeben gemäht haben. Als mein Sohn David einmal den Rasen gemäht und in Ordnung gebracht hatte, stellte er sich hin und bewunderte sein Werk. Ich war auch gerade draußen und gratulierte ihm zu der guten Arbeit, die er geleistet hatte. "Weißt du was?" sagte er. "Vielleicht werde ich einmal Landschaftsgärtner." Er fühlte sich sichtlich wohl, weil ihm seine Arbeit gut gelungen war.

Seien Sie rücksichtsvoll zu Ihren jungen Mitarbeitern

Kinder sollen ihren Eltern in allen Dingen gehorchen, aber die Heilige Schrift ermahnt die Eltern auch, die Kinder nicht zu überfordern und nicht zu reizen, "damit sie nicht mutlos werden" (Kolosser 3,20-21). Wir dürfen unseren Kindern nicht absichtlich mehr Arbeit aufladen, als sie bewältigen können. Manche Kinder sind von Natur aus geschickter, während andere Kinder Tätigkeiten brauchen, die sich öfter wiederholen. Teilen Sie ihnen Aufgaben zu, die ihren Fähigkeiten entsprechen.

Unsere Kinder sind nicht unsere Sklaven, und wir dürfen keine zornigen Arbeitgeber sein. Deshalb ist es so wichtig, daß wir mit ihnen arbeiten, vor allem am Anfang. Damit zeigen wir ihnen, daß wir alle im selben Boot sitzen.

Ratsam ist es auch, im voraus einen Arbeitsplan zu erstellen. Schreiben Sie rechtzeitig eine Liste und befestigen Sie sie am Kühlschrank. Kinder brauchen, genau wie Erwachsene, Ziele. Sie müssen wissen, welche Arbeiten zu tun sind, wie lange das dauern wird, und wer für welche Aufgabe zuständig ist.

Warren und ich haben uns angewöhnt, für die Arbeit, die wir von den Kindern verlangen, eine Zeitgrenze zu setzen. Niemand mag den ganzen Tag lang arbeiten. Samstags stellt uns jedes Kind nur zwei Stunden seiner Zeit zur Verfügung. Danach sind sie für den Rest des Tages frei. Während der Sommerferien brauchen die Kinder nur morgens zu arbeiten. Wenn alles nach Plan läuft, belohnen wir sie am Nachmittag mit einem Spaziergang im Park, am Strand oder mit einem Besuch in der Eisdiele. Manchmal spielen wir auch Monopoly oder Ballspiele, oder wir gehen ins Kino.

Versäumen Sie auf keinen Fall, die Kinder für ihre Arbeit zu loben. Selbst wenn sie die Aufgabe einmal nicht zu Ihrer Zufriedenheit gelöst haben: versuchen Sie trotzdem, etwas Gutes daran zu finden! Ihr Lob wird die Kinder anspornen, es das nächste Mal noch besser zu machen. Sagen Sie ihnen, wie stolz Sie darauf sind, daß sie sich für diese Aufgabe entschieden haben. Das nächste Mal arbeiten Sie mit ihnen und helfen da, wo noch etwas besser werden muß.

Gestehen Sie ihnen Fehler zu. David wusch einmal ein rotes Sweatshirt zusammen mit einer Ladung weißer Wäsche - was zur Folge hatte, daß wir rosa Unterwäsche erhielten! Seine Geschwister fanden das lustig, aber für ihn war es entsetzlich. Es war ihm eine gewaltige Lehre, und er hat den gleichen Fehler nie wieder gemacht. Es kann durchaus vorkommen, daß die Kinder einmal Ihr Haarspray mit dem Putzmittel verwechseln oder die Kartoffeln in einem viel zu kleinen Topf kochen. Solche Fehler sind ganz natürlich. Seien Sie daher nicht zu streng mit den Kindern. Weisen Sie sie auf diese Fehler hin, aber bestrafen Sie sie nicht.

Belohnung

Sollte man Kinder für Arbeiten bezahlen, die von ihnen als Familienmitgliedern einfach verlangt werden müssen? Wenn sie ihre Aufgaben ohne besondere Aufforderung und ohne zu klagen gewissenhaft und ordentlich erfüllen, dann meine ich, daß eine Belohnung durchaus angebracht ist. Die meisten Kinder erhalten Geld, das sie gar nicht verdient haben, und das nützt ihnen wenig. Sie lernen dabei höchstens, daß sie sich gar keine Mühe zu geben brauchen, um etwas zu bekommen.

Unsere Kinder bekamen kein Taschengeld. Statt dessen bezahlten wir sie für besondere Arbeiten. Wenn ich wollte, daß die Wände abgewaschen wurden, zahlte ich ihnen für jede Wand einen bestimmten Betrag. Ich bezahlte Elisabeth dafür, daß sie Vaters Hemden bügelte. Garage und Fenster putzen waren andere besondere Arbeiten, für die ich ihnen kleine Beträge zahlte. Arbeiten, die sie regelmäßig tun mußten (z. B. Mülleimer hinausbringen, das Geschirr spülen, Staub saugen, Staub wischen, den Rasen mähen, ihre Zimmer putzen und ihre Kleidung waschen), waren ihr Beitrag zum Familienunterhalt und wurden daher nicht bezahlt.

Vorsorge für die Zukunft

Meine Kinder haben alle gelernt, in der Familie Verantwortung zu übernehmen. Sie haben gelernt, ihr Zimmer und ihre Kleidung in Ordnung zu halten (waschen, falten und bügeln). Sie wissen, wie man Staub saugt, Staub wischt und Böden scheuert - und jetzt, seit

Danny da ist, können sie sogar schon Windeln wechseln. Weil sie mir zu Hause viel abnehmen, habe ich Zeit, dem Herrn zu dienen, zu schreiben, auf Konferenzen zu sprechen und in der Gemeinde mitzuarbeiten. Ohne ihre Hilfe und Unterstützung wäre das unmöglich. Die Jahre, in denen ich sie zum Arbeiten erzog, waren schwierig und kosteten mich viel Zeit, aber jetzt ernte ich bereits die Früchte. Eines Tages werden mir meine Schwiegertöchter und mein Schwiegersohn für meine Beharrlichkeit danken. Sie werden Ehepartner haben, die zu arbeiten verstehen.

Sie tun sich und Ihren Kindern keinen Gefallen, wenn Sie ihnen nicht das Arbeiten beibringen. Durch Arbeit werden sie einige der wichtigsten Werte menschlichen Lebens kennenlernen, ihre Selbstachtung wird steigen - und Sie selbst werden mehr Freiraum haben.

XII
Aufbruchstimmung

Es liegt in der Natur der Sache, daß Wachstum normalerweise in der Abgeschiedenheit und in der Stille stattfindet. Ein Baby wächst im Mutterleib, die Saat geht in der Erde auf, und Schmetterlinge reifen im Kokon heran. Unsichtbar für den Beobachter findet ihre Verwandlung statt. Nichts kann diesen Prozeß beschleunigen. Genau zur rechten Zeit verlassen sie ihren stillen geschützten Platz und erwachen zu all der Schönheit, die Gott ihnen zugedacht hat.

Eine Perle entsteht, wenn ein Sandkorn oder ein anderer Fremdkörper zwischen Schale und Mantel eines Weichtieres gerät. Durch die damit verbundene Reizung wird der Mantel veranlaßt, den eingedrungenen Fremdkörper schichtweise mit einer Masse einzuhüllen, die wir Perlmutt nennen. Im stillem Dunkel verborgen erhält dieses winzige Körnchen Sand Schicht für Schicht seiner erlesenen Substanz und wird in eine wertvolle Perle verwandelt. Genau zur rechten Zeit wird ein Taucher diese wertvolle Perle finden und sie aus ihrer Isolation befreien.

Wachstum

Wir Mütter fühlen uns oft wie ein Sandkorn in einer Muschel. Um uns her scheint sich wenig zu ereignen. Die Jahre, in denen wir die Kinder großziehen, sind die Jahre der Abgeschiedenheit. Rein äußerlich passiert nicht viel. Das Leben ist eintönig und geht seinen gewohnten Gang; wir fühlen uns von der Wirklichkeit und von der Gesellschaft isoliert.

Inmitten unserer Alltagspflichten und Ärgernisse findet jedoch ein unerhörtes Wachstum statt. Abgesondert von vielem bereitet uns Gott auf den Tag vor, an dem wir grünes Licht bekommen für außerhäusliche Dienste. Jeden Tag lernen wir, was es bedeutet, als Christ zu leben und zu handeln. Der Heilige Geist lehrt uns, was Vergebung, Liebe, Dienen und Beten in der Praxis bedeuten. Unser Glaube wird erprobt, und es entwickeln sich Charakterfestigkeit, Einsicht, Selbstbeherrschung, Standhaftigkeit, Ehrfurcht vor Gott, Liebe zu den Brüdern und Liebe zu allen Menschen (2. Petrus 1,5-

7). Jesus hüllt uns sanft in seine Liebe ein und schenkt uns seine Gesinnung. Er ist es, der uns umgestaltet und etwas Schönes aus uns macht. Das Sandkorn wird zu einer wunderbaren Perle.

In Apostelgeschichte 8 lesen wir von einem Mann, der in Samaria eifrig das Wort Gottes verkündigte. Große Volksmengen hörten zu, wenn Philippus predigte, und sie beherzigten, was er sagte. Dieser Gottesmann tat Zeichen und Wunder. Mitten im Dienst erhält nun Philippus von einem Engel des Herrn den Auftrag, Samaria zu verlassen und sich auf den einsamen Weg nach Gaza zu machen. Philippus gehorcht; er geht nicht nur, er läuft dorthin (Apostelgeschichte 8,30). Auf dem Weg findet er einen Kämmerer aus Äthiopien, der gerade den Propheten Jesaja liest. Philippus legt ihm die Schrift aus, führt den Mann zu Jesus und tauft ihn. Dann wird Philippus vom Geist des Herrn auf wunderbare Weise entrückt und nimmt wieder seinen gewohnten Dienst auf, dem Volk das Evangelium zu verkündigen (Apostelgeschichte 8,39 40).

Wie Philippus, so wurden auch viele von uns mitten aus dem pulsierenden Leben herausgerissen, um Mutter zu werden. Diese Jahre scheinen endlos, aber Gott wird uns bald wieder hinausschicken. Vielen von uns fehlt es an Geduld. Wir möchten gleichzeitig Mutter sein, Karriere machen, am gesellschaftlichen Leben teilnehmen und wohlerzogene, erwachsene Kinder haben. Nach Gottes Willen dauert aber alles seine Zeit.

Zu wissen, wann die richtige Zeit ist, um sich vom häuslichen Herd wieder ins Berufsleben zu wagen, ist eine Sache der Prioritäten. Wenn die Prioritäten einer Frau mit Gottes Willen übereinstimmen, ergibt sich alles weitere von selbst. Die Verbindung mit dem Herrn weist ihr den Weg. Eines Tages wird die Tätigkeit außer Haus ein selbstverständlicher Teil ihres Lebens sein.

Vor- und Nachteile abwägen

Viele Frauen gehen aus finanziellen Gründen arbeiten; für andere ist es eine Art Selbstbestätigung. Was auch immer die Gründe sein mögen: man sollte die Vor- und Nachteile abwägen und sie im Lichte Gottes betrachten. Wenn wir uns nicht nach Gottes Willen richten, wird die Zeit zu unserem größten Feind.

Als Mutter von vier kleinen Kindern konnte ich mir nicht vorstellen, daß ich eines Tages zwei Bücher schreiben, auf Konferenzen sprechen und Bibelstunden halten würde. Meine Referenzen als Frau von Pfarrer Warren Arndt, Mutter von fünf Kindern und ehemalige Missionarin in Neuguinea waren, vom weltlichen Standpunkt aus betrachtet, nicht allzu beeindruckend. Gott versteht es wie kein anderer, die Torheit der Welt in Weisheit zu verwandeln. Er hat mich zu seiner Zeit vom häuslichen Herd zum Dienst für ihn draußen in der Welt berufen. Allerdings konnte das erst geschehen, nachdem ich gelernt hatte, ihn an die erste Stelle und meine Familie an die zweite zu setzen. Der Herr wollte, daß ich zuerst im Leben meiner Familie alles in Ordnung brachte; erst dann war er bereit, mich auch draußen zu gebrauchen.

Gelegenheiten zum Dienst außer Haus kommen ständig auf mich zu. Vor kurzem wurde mir ein Posten bei einem der christlichen Rundfunksender in Detroit angeboten. Ich war begeistert; ich fühlte mich geschmeichelt und geehrt bei dem Gedanken, daß mich Gott auf diese Weise gebrauchen wollte. Ich malte mir schon aus, wie viele Menschen ich dann jeden Tag mit dem Evangelium erreichen würde. Ich hätte die Möglichkeit, noch mehr Frauen zu helfen und bei der Kindererziehung zu beraten. Von der praktischen Seite her schien es auch für meine Familie von Vorteil zu sein. Da drei der Kinder studierten und eins in eine Privatschule ging, hätten wir das Geld ganz gut brauchen können.

Mein erster Gedanke war, das Angebot anzunehmen. Ich habe jedoch gelernt, die Antwort des Herrn abzuwarten. Mein größtes Bestreben ist es, den Willen meines himmlischen Vaters zu tun. Die Entscheidung würde nicht nur mich, sondern auch meine ganze Familie betreffen. Meine vier älteren Kinder waren zwar schon fast erwachsen, aber ich hatte ja noch den kleinen Danny, der erst fünf war. Er war immer noch sehr auf mich angewiesen.

Warren und ich baten den Herrn im Gebet um Wegweisung. Bei einer Gemeindekonferenz in Florida hatte ich Gelegenheit, mein Problem mit einigen Pastoren zu besprechen, und ich hoffte, dadurch Klarheit zu gewinnen. Es schien zu nichts zu führen - bis einer schließlich sagte: "Weißt du, Elise, dein Mann ist ohne dich verwundbar. Er braucht dich ganz in seiner Nähe, und zwar seelisch, geistig und körperlich."

Ich lachte und spöttelte: "Du meinst wohl, die Stelle, an der Gott die Rippe des Mannes nahm, um daraus die Frau zu machen, ist schwach und schutzbedürftig?" Während ich dies sagte, legte ich die Arme um Warren und stand ganz nah bei ihm. Ich mußte an Prediger 4, 9-12 denken:

Zwei sind besser daran als ein einzelner, weil sie einen guten Lohn für ihre Mühe haben. Denn wenn sie fallen, so richtet der eine seinen Gefährten auf. Wehe aber dem einzelnen, der fällt, ohne daß ein zweiter da ist, ihn aufzurichten! Auch wenn zwei beieinander liegen, so wird ihnen warm. Dem einzelnen aber, wie soll ihm warm werden? Und wenn einer den einzelnen überwältigt, so werden doch die zwei ihm widerstehen; und eine dreifache Schnur wird nicht so schnell zerrissen.

Ich war besorgt um meine Kinder, aber Warren brauchte mich in jener Zeit genauso nötig. Ich entschloß mich deshalb, in erster Linie Ehefrau und erst an zweiter Stelle "Karrierefrau" zu sein. Das sind unbequeme Worte in einer Zeit, in der so viel von Gleichberechtigung die Rede ist. Aber könnte es nicht sein, daß viele Ehen vor allem deshalb in die Brüche gehen, weil den Frauen andere Dinge wichtiger sind als Mann und Kinder? Gott hatte mich dazu berufen, Warrens "Gehilfin" zu sein. Die Zeit zum Aufbruch war für mich noch nicht gekommen; ich mußte auf die Weisung des Herrn warten.

Aufbruch mit dem Herrn

Kurz nachdem ich dieses Stellenangebot abgelehnt hatte, wurde ich auf 2. Mose 40,34-37 aufmerksam:

Da bedeckte die Wolke (das sichtbare Zeichen der Gegenwart Gottes) das Zelt der Begegnung, und die Herrlichkeit des Herrn erfüllte die Wohnung. Und Mose konnte nicht in das Zelt der Begegnung hineingehen; denn die Wolke hatte sich darauf niedergelassen, und die Herrlichkeit des Herrn erfüllte die Wohnung. Sooft sich die Wolke von der Wohnung erhob, brachen die Söhne Israel auf, auf all ihren Wanderungen. Wenn sich aber die Wolke nicht erhob, dann brachen sie nicht auf bis zu dem Tag, an dem sie sich erhob.

In mein geistliches Notizbuch schrieb ich damals:

> *Mose bekam genaue Anweisungen für den Bau der Stiftshütte ... Als alles fertig war, erfüllte die Herrlichkeit des Herrn den Ort.*
>
> *So ist es auch in unserem Leben als Mutter: Wir arbeiten unter der Leitung des Heiligen Geistes zu Hause daran, alles in Ordnung zu bringen. Wenn alles geschafft ist, erfüllt die Herrlichkeit des Herrn unser Heim. Aber wir müssen uns vorsehen, daß wir diesen Ort nicht verlassen, bevor uns Gott das Zeichen zum Aufbruch gibt.*
>
> *Israel durfte nicht aufbrechen, solange die Wolke, die Herrlichkeit des Herrn, sich nicht erhoben hatte. Warum sollte es in unserem Leben anders sein? Wenn ich aufbreche, bevor Gott aufbricht, wie kann dann seine Herrlichkeit mit mir gehen? Die Herrlichkeit des Herrn erfüllt mein Zuhause ... Die Zeit wird kommen, wo sie sich erheben wird, und ich werde es wissen. Ohne die Gegenwart Gottes aufzubrechen, wäre Torheit.*

Die Flucht nach außen

Sie sollten stets sorgsam prüfen, aus welchen Gründen Sie ins Berufsleben eintreten, ehrenamtlich tätig werden oder in der Gemeinde mitarbeiten möchten. Die Welt redet uns ein, einer zerrütteten Ehe oder Familie einfach den Rücken zu kehren. "Wenn du von niemandem anerkannt wirst", so sagt man uns, "dann suche dir doch anderswo Anerkennung".

Wenn bei Ihnen zu Hause etwas nicht stimmt, dann läßt sich das Problem auch nicht durch Ihre Berufstätigkeit lösen. Wenn Sie nach Hause kommen, werden Sie noch immer einen gereizten Ehemann, launische Kinder und eine unordentliche Wohnung vorfinden. Die Probleme lösen sich nicht einfach auf, während Sie nicht zu Hause sind - im Gegenteil, alles wird nur noch schlimnmer. Sie werden weniger Zeit und Energie haben, um an der Verbesserung Ihrer Situation zu arbeiten.

Ich hatte oft das Verlangen, meiner derzeitigen Lage zu entfliehen. Ich habe meine Familie vernachlässigt, um meinen eigenen

Wünschen und Sehnsüchten nachzugehen. Ich danke und preise Gott, daß er mich immer wieder daran erinnert hat, meine Prioritäten zu überprüfen und daß er mir die Kraft gab, Erkanntes auch in die Tat umzusetzen. Sobald ich meine Prioritäten falsch setze, verschwende ich wertvolle Zeit. Mein Mann und die Kinder sind die ersten, die darunter zu leiden haben. Selbst in den Gesichtern meiner Kinder ist die Enttäuschung abzulesen, wenn ich einmal meinen Dienst und meine Arbeit über sie und ihre Bedürfnisse stelle. Wenn ich Gott in meinem Leben an die erste Stelle setze, meine Familie an die zweite und meine Arbeit an die dritte, dann habe ich Frieden.

Mehr Einsatz in der Gemeinde als in der Familie

Viele christliche Frauen setzen fälschlicherweise den Dienst in der Gemeinde mit ihrer Beziehung zu Gott gleich. Der Dienst in der Gemeinde ist ihnen wichtiger als ihre eigene Familie. Ich kenne Frauen, bei denen es zu Hause drunter und drüber geht - sowohl äußerlich als auch im geistlich-seelischen Bereich. Trotzdem halten sie daran fest, daß der "Dienst für den Herrn" Vorrang hat. Sie leiten Bibelstunden, sind im Gemeindevorstand tätig und wirken bei Gemeindeveranstaltungen mit, aber sobald sie nach Hause kommen, legen sie den "Mantel der Demut" ab. Müde und abgespannt von ihrem Einsatz außerhalb ihres Hauses sind sie nicht mehr in der Lage, in den eigenen vier Wänden für Ordnung zu sorgen. Ganz gleich, wie viele Menschen uns draußen brauchen, wir müssen uns immer vor Augen halten, daß unsere Familie vorgeht.

Warren und ich sind vielen Kindern begegnet, die darunter litten, daß ihre Eltern keine Zeit für sie hatten. Sie fühlten sich durch deren Einsatz in der Gemeinde vernachlässigt. Oft entwickeln Kinder aus diesem Grund eine regelrechte Abneigung gegen alles, was mit Glauben und Gemeinde zu tun hat. Übertriebener Einsatz im gemeindlichen Leben kann zu einem solch randvollen Terminkalender führen, daß für Gespräche mit der Familie, für Spiel und Spaß keine Zeit mehr bleibt. Das ist nicht im Sinne Gottes. Er will, daß wir unseren Dienst mit Freuden tun. Unser Dienst soll für die Kinder ein persönlicher Ansporn sein; er darf sie nicht abstoßen.

Warren und ich sind beide in der Gemeindearbeit tätig. Wir müssen ständig überlegen, wie sich das auf unser Familienleben auswirkt. Vor vielen Jahren schon sprach der Herr zu meinem Herzen und warnte mich vor zuviel Engagement außerhalb des Hauses. "Was bringt es dir schon, Elise, wenn du die ganze Welt für Christus gewinnst und dafür deine eigenen Kinder verlierst?" Was wäre, wenn ich ihnen mit einem hohen Gehalt jeden Wunsch erfüllen könnte, aber keine Zeit für sie hätte?

Wenn man zu viel tut

Der Tag wird kommen, an dem der Herr die Frau aus dem häuslichen Bereich in andere Aufgaben hineinführt. Wenn die Kinder in die Schule kommen, kann man als Mutter eine Teilzeitbeschäftigung in Erwägung ziehen, sich im schulischen Bereich engagieren, Bibelstunden halten und vieles andere mehr. Aber man sollte sich davor hüten, zuviel zu übernehmen.

Kinder finden meistens keine Worte, wenn sie zum Ausdruck bringen wollen, daß sie Mama vermissen. Schlafstörungen, Alpträume, ungewöhnliche Ängste, Nägelkauen, Bettnässen, Daumenlutschen oder der plötzlich wiederkehrende Wunsch nach dem Fläschchen sollten uns hellhörig machen. Seien Sie Ihren Kindern gegenüber empfindsam und beobachten Sie ihr Verhalten.

Als ich einmal in einer Rundfunksendung mitwirkte, rief eine junge Mutter an, deren Sohn nach zwei Jahren plötzlich wieder einnäßte und nach seinem Fläschchen verlangte. Ich fand durch Fragen heraus, daß sie eine alleinstehende Mutter war. Sie war gezwungen, berufstätig zu sein, und um ihre Aufstiegschancen zu verbessern, besuchte sie seit einem Vierteljahr eine Abendschule. Weil sie ihren kleinen Jungen abends einem Babysitter überließ, brachte er seinen Unmut auf diese Weise zum Ausdruck. Eigentlich wollte er damit sagen: "Mama, geh nicht weg. Du fehlst mir."

Für die junge Frau war die Abendschule eine Möglichkeit der Fortbildung und finanziellen Absicherung. Man bewunderte sie wegen der Opfer, die sie dafür brachte. Ich empfahl ihr jedoch, ihre Entscheidung noch einmal zu überdenken. Konnte die Schule nicht noch warten? Mußte sie unbedingt mehrere Kurse gleichzeitig belegen? Vielleicht genügte auch ein Kursus pro Semester. Bestimmt gab es einen Ausweg. Der Junge brauchte seine Mutter gerade jetzt. Sie mußte ihre eigenen Wünsche zurückstellen und fragen, was Gott von ihr wollte. Später würde sie gewiß noch genügend Zeit haben, ihre Ausbildung zu beenden, aber jetzt war ihr kleiner Sohn wichtiger.

Vorher gut überlegen

Wie gewinne ich Klarheit darüber, welche zusätzlichen Verpflichtungen ich übernehmen darf? Ich stelle mir als erstes immer die Frage, ob diese Aufgabe meine persönliche Stille vor dem Herrn beeinträchtigen würde. Je mehr wir zu tun haben, desto weniger Zeit verbringen wir gewöhnlich mit Gott, obwohl die Erfahrung gezeigt hat, daß wir uns gerade dann mehr Zeit für ihn nehmen sollten. Wenn ich die neue Aufgabe übernehme, werde ich dann auch gewillt sein, mehr Zeit mit dem Herrn zu verbringen, oder wird mich die Arbeit von der täglichen Stillen Zeit abhalten? Stille vor Gott ist trotz eines großen Tagespensums möglich. Ich kenne überaus beschäftigte Frauen, die jeden Tag ihre Stille Zeit halten. Aber es ist nicht leicht und erfordert Opfer.

Als zweites überdenke ich, wie lange ich dann von meiner Familie getrennt wäre. Ich muß den Hin- und Rückweg und die häuslichen Vorbereitungen vor meinem Weggang einkalkulieren. Werde ich dann immer noch für meinen Mann und die Kinder da sein können, wenn sie mich brauchen?

Was erfordert die neue Aufgabe an seelischer Kraft? Ein viertelstündiges Telefongespräch mit einem Ratsuchenden kann mich manchmal für den Rest des Tages seelisch außer Gefecht setzen. Ebenso kann die ehrenamtliche Tätigkeit in einem Ausschuß, die vielleicht nur zwei Stunden in Anspruch nimmt, die seelische Kraft eines Acht-Stunden-Tages kosten. Ich muß meine Tätigkeit also auch danach bewerten, wieviel seelische Kraft sie erfordert.

Als nächstes überlege ich mir, in welchem Maße ich mit der Unterstützung meiner Familie rechnen kann. Wenn eine Frau zum ersten Mal eine berufliche Tätigkeit in Erwägung zieht, versprechen ihr gewöhnlich alle Familienmitglieder, bei der Hausarbeit zu helfen. Kurze Zeit später muß Mutter jedoch feststellen, daß sie nun zwei Berufe hat ...

Inwieweit sollte sich eine Christin in der Gemeinde engagieren, wenn sie einen ungläubigen Ehepartner hat? Diese Frage wird immer wieder von Frauen gestellt, die den aufrichtigen Wunsch haben, dem Herrn zu dienen, aber ihren Ehemann als Hindernis empfinden. Eine Frau in dieser Lage sollte sich fragen: "Ärgert sich mein Mann über meine Mitarbeit in der Gemeinde?" Wenn das der Fall ist, dann hat es wenig Zweck. Ich rate solchen Frauen zur Vorsicht. Es gibt viele Gelegenheiten, tagsüber etwas für den Herrn zu tun, während der Mann außer Haus ist. Sie werden auch mehr tun müssen, um sicherzustellen, daß das Haus in Ordnung ist und die Mahlzeiten pünktlich auf den Tisch kommen; denn wenn Sie diese Dinge vernachlässigen, wird Ihr Mann wahrscheinlich Ihre Mitarbeit in der Gemeinde dafür verantwortlich machen. Bitten Sie Gott, Ihnen seinen Willen zu zeigen.

Wenn Frauen eine Arbeitsstelle suchen oder zusätzliche Aufgaben außer Haus übernehmen wollen, vergessen sie oft, sich zu fragen, wie sich dies auf ihre Mitarbeit in der Gemeinde auswirken wird, zu der Gott sie berufen hat. Bibelstunden für Frauen, selbst wenn sie am Abend stattfinden, sind im Laufe der Jahre selten geworden. Es gibt nicht genügend Mitarbeiterinnen, die sonntags oder wochentags solche Stunden halten können, was zum Teil auf die zunehmende Berufstätigkeit der Frauen zurückzuführen ist. Nur wenig Zeit bleibt übrig für die Gemeinde.

Im übrigen sollte jede gläubige Frau herauszufinden versuchen, auf welchem Gebiet sie der Heilige Geist am meisten begabt hat. Früher dachte ich, ich müsse alles übernehmen, worum ich gebeten wurde. Also half ich bei der Planung von Gemeindeveranstaltungen, übernahm den Telefondienst, besuchte Pflegeheime, unterrichtete in der Sonntagsschule und hielt werktags Bibelstunden. Als ich endlich begriffen hatte, daß der Heilige Geist jedes Glied am Leib Christi mit Gaben beschenkt (Römer 12,4 8; 1. Korinther 12,4-31; Epheser 4,4-12) "zur Ausrüstung der Heiligen für das Werk des Dienstes, für die Erbauung des Leibes Christi" (Epheser 4,12), stand ich nicht mehr unter dem Zwang, alles tun zu müssen. Gott hatte auch anderen Gaben gegeben. Da ich in so vielen Bereichen tätig war, hinderte ich andere daran, ihre speziellen Gaben für den Herrn einzusetzen.

Als ich Gott bat, mir meine Gabe oder Gaben zu zeigen, erkannte ich, daß meine besondere Gnadengabe darin bestand, den Frauen in unserer Gemeinde Bibelstunden zu halten. Von da an war ich hauptsächlich auf diesem Gebiet tätig. Das Neinsagen zu anderen Aufgaben fiel mir nicht mehr schwer, weil mir bewußt war, daß andere sie besser erfüllen konnten als ich.

Als letztes müssen wir uns die Frage stellen, ob wir für die betreffende Aufgabe von Gott einen besonderen Auftrag bekommen haben, oder ob es etwas ist, was wir nur selbst gerne tun würden (Psalm 32,8-9; Sprüche 16,3).

Das Gute und das Beste

Als Danny geboren wurde, fühlte ich mich so, wie sich Philippus vorgekommen sein mag, als er auf die einsame Straße geschickt wurde. Herausgerissen aus dem pulsierenden Leben und aus dem eifrigen Dienst, wurde ich in die Einsamkeit meines Hauses versetzt. Um eines Menschen (und auch um meiner ganzen Familie) willen hatte mich Gott so geführt. Ich beeilte mich nicht, gehorsam zu sein wie Philippus. Ich schleppte mich nur langsam vorwärts. Meine Welt schien mich zu überholen. Ich war in einem Alter, in dem Babys eigentlich zu meiner Vergangenheit gehören sollten und nicht zu meiner Zukunft. Meine Freundinnen hatten Kinder, die bereits alle erwachsen waren, und sie stürzten sich mit Begeisterung wieder ins Berufsleben oder drückten noch einmal die Schulbank. Diejenigen, die unterrichteten oder Bücher schrieben, waren viel unterwegs und sprachen auch auf auswärtigen Veranstaltungen. Ihre Namen kannte man, während mich niemand mehr zu beachten schien.

Ich sehnte mich nach den grünen Auen auf der anderen Seite. Manchmal haderte ich mit Gott, weil er zugelassen hatte, daß mein Leben so jäh zum Stillstand gekommen war. Dennoch war ich immer mit Leib und Seele Mutter, und ich weiß bis heute, daß meine Entscheidung richtig war. Tief in meinem Herzen habe ich die frohe Gewißheit, daß Gott am Steuer meines Lebens sitzt. Auch für mich wird die Zeit noch kommen, wo er mir erlaubt, ihm auch auf anderen Gebieten zu dienen.

Gott hat mich nicht auf übernatürliche Weise und nicht so schnell ins pulsierende Leben zurückversetzt wie Philippus. Ich lebe nun schon seit fast fünf Jahren in der Abgeschiedenheit. Der Herr hat mir in dieser Zeit viel gezeigt. Ich fühle mich eingehüllt in seine Liebe und weiß, daß er aus mir, dem kleinen Sandkorn, etwas Wertvolles und Nützliches macht für sein Reich.

Allmählich eröffnet mir Gott neue Möglichkeiten, ihm auch außerhalb der Familie zu dienen. Es geht dabei nicht um die Frage, was gut oder schlecht ist, sondern darum, den allerbesten Weg zu erkennen, und Gottes Weg ist immer der beste.

In der Reihe BRENNPUNKT FAMILIE sind außerdem erschienen:

Ross Campbell
KINDER SIND WIE EIN SPIEGEL
Ein Handbuch für Eltern, die ihre Kinder richtig lieben wollen
Edition C, Nr. F 1, 112 Seiten

Norman Wright
ZUHÖREN MUSS MAN LERNEN
Harmonie in der Familie
Edition C, Nr. F 2, 108 Seiten

Barbara Sroka
EINS IST EINE GANZE ZAHL
Allein – und doch erfülltes Leben
Edition C, Nr. F 3, 120 Seiten

Nancy Potts
LEBEN IN ZEITEN DER EINSAMKEIT
Machen Sie das Beste aus den einsamen Stunden, die zwischen den angenehmen Zeiten der Gemeinsamkeit liegen
Edition C, Nr. F 4, 120 Seiten

Allan Petersen
WIR STECKEN IN EINER KRISE
Wie man mit Schwierigkeiten in der Familie fertig wird
Edition C, Nr. F 5, 144 Seiten

Tim Timmons
EHE – NACH GOTTES PLAN
Praktische Anleitungen, die Leben und Liebe in Ihre Ehe bringen
Edition C, Nr. F 6, 120 Seiten

Ilse Wenzel
CHRISTLICHE ERZIEHUNG UND INTELLIGENZENTWICKLUNG
Briefe an Claudia
Edition C, Nr. F 7, 120 Seiten

James L. Johnson
SO BIN ICH, LIEBE FRAU
Was jede Frau über einen Mann wissen sollte
Edition C, Nr. F 8, 120 Seiten

Joyce Landorf
STARK UND ZART
Wie sich eine Frau den Mann wünscht
Edition C, Nr. F 9, 144 Seiten

Joyce Landorf
WENDEPUNKTE IM LEBEN DER FRAU
Wenn wir ihn am meisten brauchen
Edition C, Nr. F 10, 128 Seiten

Ross Campbell
TEENAGER BRAUCHEN MEHR LIEBE
Ein Handbuch für Eltern, die ihre Teenager richtig lieben wollen
Edition C, Nr. F 11, 128 Seiten

Walter Trobisch, Jim Conway u. a.
AUCH ELTERN BRAUCHEN LIEBE
Ein Handbuch für den Umgang mit Eltern und anderen Verwandten
Edition C, Nr. F 12, 112 Seiten

Charles Swindoll
ENTFACHE DAS ALTE FEUER
Vom Duell in der Ehe zurück zum Duett
Edition C, Nr. F 13, 168 Seiten

Richard Strauß
GEHEIMNIS BIBLISCHER EHEN
Die Flitterwochen sind vorbei
Edition C, Nr. F 14, 134 Seiten

VERLAG DER FRANCKE-BUCHHANDLUNG, MARBURG

In der Reihe BRENNPUNKT FAMILIE sind außerdem erschienen:

Dorothy Pape
WIR FRAUEN UND GOTT
Was sagt uns das Neue Testament?
Edition C, Nr. F 16, 151 Seiten

Truman Esau/B. Burch
EHE ALS GABE UND AUFGABE
Wie eine Ehe wird, wächst und gedeiht
Edition C, Nr. F 17, 137 Seiten

Duane Cuthbertson
HILFE, ICH ERZIEHE
Entweder wir erziehen unsere Kinder oder sie uns
Edition C, Nr. F 20, 132 Seiten

Elise Arndt
RUND UM DIE UHR
Wieviel Zeit hat eine Mutter?
Edition C, Nr. F 21, 152 Seiten

Phil Phillips
AUFRUHR IN DER SPIELZEUG-KISTE
Gefahr für unsere Kinder
Edition C, Nr. F 24, 136 Seiten